법화경

제 2 책

김현준 옮김

법화경을 독송하면 제불께서 지켜주어
한량없는 공덕과 복 안정된 삶 얻게 되고
원하는 바 뜻과 같이 만족스레 성취하며
마침내는 신통력과 무생법인 증득하리

효림

법 화 경

제 2 책

차 례

❦ 제2책 ❦

제3권
제7 화성유품 · · · · · 7

제4권
제8 오백제자수기품 · · · · · 49
제9 수학무학인기품 · · · · · 65
제10 법사품 · · · · · 74
제11 견보탑품 · · · · · 89
제12 제바달다품 · · · · · 107
제13 지품 · · · · · 120

제5권
제14 안락행품 · · · · · 131
제15 종지용출품 · · · · · 155

❦ 제1책 ❦

이 법화경을 읽는 분에게 · · · · · 6
법화경 독송 방법 · · · · · 8

제1권
제1 서품 · · · · · 15
제2 방편품 · · · · · 42

제2권
제3 비유품 · · · · · 77
제4 신해품 · · · · · 123

제3권
제5 약초유품 · · · · · 149
제6 수기품 · · · · · 162

❦ 제3책 ❦

제5권
제16 여래수량품 · · · · · 7
제17 분별공덕품 · · · · · 22

제6권
제18 수희공덕품 · · · · · 43
제19 법사공덕품 · · · · · 52
제20 상불경보살품 · · · · · 71
제21 여래신력품 · · · · · 81
제22 촉루품 · · · · · 89
제23 약왕보살본사품 · · · · · 93

제7권
제24 묘음보살품 · · · · · 113
제25 관세음보살보문품 · · · · · 126
제26 다라니품 · · · · · 143
제27 묘장엄왕본사품 · · · · · 151
제28 보현보살권발품 · · · · · 164

용어 풀이 · · · · · 176

법화경 독송 발원문

시방세계에 가득하신 불보살님이시여 감사합니다.

부처님 잘 모시고 법화경의 가르침을 잘 받들며 살겠습니다. (3번)

개경게

가장높고 심히깊은 부처님법문
백천만겁 지나간들 어찌만나리
저희이제 보고듣고 받아지녀서
부처님의 진실한뜻 깨치오리다

開經偈

무상심심미묘법
無上甚深微妙法
백천만겁난조우
百千萬劫難遭遇
아금문견득수지
我今聞見得受持
원해여래진실의
願解如來眞實意

開法藏眞言
개법장진언   옴 아라남 아라다 (3번)

南無 一佛乘最上法門 妙法蓮華經
나무 일불승최상법문 묘법연화경 (3번)

제7 화성유품
第七 化城喩品

부처님께서 비구들에게 이르셨다.

"지나간 과거의 무량무변 불가사의한 아승지겁 전에 한 부처님이 계셨으니, 이름은 대통(大通)지승(智勝)여래·응공·정변지·명행족·선서·세간해·무상사·조어장부·천인사·불세존이었으며, 나라 이름은 호성(好城)이요, 겁의 이름은 대상(大相)이었느니라.

비구들아, 그 부처님께서 멸도하신 지는 매우 오래되었느니라. 예를 들어 삼천대천세계에 있는 모든 땅을 갈아 먹물로 만든 다음, 동쪽으로 1천 국토를 지나서 티끌만한 먹물 한 방울 떨어뜨리고, 또 1천 국토를 지나서 한 방울 떨어뜨리기를 먹물이 다하도록 되풀이한다고 하자. 너희는 어떻게 생각하느냐? 그 국토들의 수를 수학자나 그 제자가 능히 알 수 있겠느냐?"

"알지 못하옵니다, 세존이시여."

"비구들아, 먹물을 한 방울씩 떨어뜨렸든 떨어뜨리지 않았든, 그 사람이 지나간 국토들 모두를 다 부수어 티끌로 만든 다음 그 티끌 하나를 1겁으로 친다 해도, 대통지승불께서 멸도하신 지는 이보다 더 오래된 무량무변 백천만억 아승지겁 전이었느니라. 나는 여래지견(如來知見)력(力)을 가지고 있기 때문에 그와 같이 오래된 일을 오늘 일처럼 볼 수 있느니라."

세존께서 거듭 게송으로 이르셨다.

지난세상 생각하니 한량없는 겁이전에
대통지승(大通智勝) 여래라는 부처님이 계셨도다
그부처님 멸도한지 얼마만큼 지났는가
예를들면 어떤사람 삼천대천 국토속의

모든땅을 　잘갈아서 　많은먹을 　만든다음
일천국토 　지나면서 　한방울씩 　떨어뜨려
모든국토 　전전하며 　그먹물을 　다쓴뒤에
먹물찍은 　국토들과 　찍지않은 　국토들을
한데모아 　부수어서 　가는티끌 　만든다음
한티끌을 　일겁으로 　다시계산 　하여보라
그세월의 　오래됨은 　헤아릴수 　없느니라
한량없고 　가이없고 　길고먼겁 　전이지만
나는부처 　지혜로써 　저부처님 　멸도함과
성문보살 　행한일들 　오늘일을 　보듯한다
비구들아 　알지니라 　부처님의 　대지혜는
미묘하고 　청정하고 　어디에도 　걸림없어
한량없는 　겁전(劫前)일도 　남김없이 　아느니라

부처님께서 비구들에게 이르셨다.

"대통지승불의 수명은 5백4십만억 나유타 겁이셨다. 그 부처님은 일찍이 도량에 앉아 마(魔)군(軍)을 이기고 아뇩다라삼먁삼보리를 얻고자

제7 화성유품 · 9

하였으나, 제불(諸佛)의 법(法)이 눈앞에 나타나지 아니하였느니라. 그리하여 1소겁에서 10소겁에 이르도록 결가부좌를 한 채 몸과 마음을 움직이지 않았으며, 그래도 제불의 법은 나타나지 않았느니라.

그러자 도리천(忉利天)의 천인들이 나서서, 그 부처님을 위해 보리수 아래에다 높이 1유순이나 되는 사자좌를 마련해 드렸느니라.

부처님께서는 '반드시 위없는 바른 깨달음을 얻으리라' 하면서 그 자리에 앉으셨고, 범천왕들은 사방으로 백유순에 이르기까지 갖가지 하늘 꽃을 비 내리듯 뿌렸느니라.

또한 향기로운 바람이 때때로 불어와 시든 꽃을 날려 보내면, 다시 싱싱한 꽃을 끊임없이 공양하기를 10소겁 동안 하였으며, 나아가 멸도하실 때까지 항상 꽃비를 내렸느니라.

사왕천(四王天)의 여러 천인들은 그 부처님을 공양하기 위해 늘 하늘 북을 울렸고, 그 밖의 천인들은 하늘의 악기로 연주하였으니, 10소겁 동안은 물론이요 멸도하실 때까지 그렇게 하였느니라.

비구들아, 대통지승불께서는 10소겁이 지나서야 제불의 법이 눈앞에 나타나 아뇩다라삼먁삼보리를 이루셨느니라.

그 부처님은 출가하시기 전에 16명의 왕자를 두었는데, 맏아들의 이름은 지적(智積)이었다. 그 왕자들에게는 저마다 진기한 장난감이 있었지만, 아버지가 아뇩다라삼먁삼보리를 얻었다는 말을 듣고는 모두들 장난감을 버리고 부처님 계신 곳으로 나아갔느니라.

그때 그들의 어머니는 울면서 전송하였고, 그들의 조부인 전륜성왕은 백 명의 대신과 백천만억의 백성들과 함께 대통지승여래의 도량으로 나아갔느니라.

그들은 대통지승여래를 친견하여 공양하고 공경하고 존중하고 찬탄하면서 머리를 숙여 발에 예배드리고 주위를 돈 다음, 일심 합장하고 세존을 우러러보며 게송으로 아뢰었느니라.

위덕(威德)크신 세존께서 중생제도 하시고자
한량없는 겁을지나 부처님이 되셨으니
모든소원 이루셨네 거룩하기 끝이없네
세존매우 드물게도 십소겁이 지나도록
한자리에 앉으시어 움직이지 않으신 채
고요하고 편안하고 항상맑게 계셨을 뿐
그마음이 산란커나 어지럽지 아니했고
마침내는 적멸얻어 무루법에 머무시니
저희이제 성불하신 세존친히 뵈오면서
좋은이익 얻게됨에 크게환희 하나이다
중생들은 괴로움과 어둠속에 있건마는
이끌어줄 스승없어 해탈의길 모르기에
삼악도는 점점 늘고 천인들은 점차 줄며
어둠에서 나와다시 어둠으로 들어가니
부처님의 이름조차 영영듣지 못합니다

이제다시 　청정한도 　부처님이 　이루시어
저희들과 　천인들이 　큰이익을 　얻게됨에
부처님께 　귀의하며 　머리숙여 　절합니다

16왕자는 이렇게 게송으로 부처님을 찬탄한 다음, 법륜을 굴리실 것을 간청하였느니라.
 '세존께서 설법하시면 인간들과 천인들이 편안해 지옵니다. 저희들을 불쌍히 여겨 두루 이롭게 하옵소서.'
 그리고는 다시 게송으로 아뢰었느니라.

복덕으로 　장엄하고 　무상지혜 　이룩하여
무엇과도 　비교못할 　위대하신 　분이시여
저희들과 　여러중생 　모두해탈 　할수있게
참된법을 　보이시어 　지혜얻게 　하시옵고
저희들과 　중생들을 　부처되게 　하옵소서
세존께선 　중생들의 　깊은마음 　비롯하여
행한도와 　지혜력(智慧力)과 　닦은복과 　욕망등의

제7 화성유품 · 13

지난세상 지은업을 남김없이 다아시니
가장높은 무상법륜 필히굴려 주옵소서"

부처님께서 비구들에게 이르셨다.

"대통지승불께서 아뇩다라삼먁삼보리를 얻었을 때, 시방의 5백만억 부처님 세계는 여섯 가지로 진동하였고, 해와 달의 광명도 비치지 못했던 그 나라의 어두운 곳까지도 크게 밝아져서 그곳 중생들이 서로 볼 수 있게 되었으므로, 그들은 말했느니라.

'이곳에 어찌하여 보이지 않던 중생들이 갑자기 생겨났는가?'

또 그 국토의 모든 천궁(天宮)과 범천의 궁전들이 여섯 가지로 진동하였으며, 천상의 광명보다 훨씬 더 밝은 광명이 그 세계를 두루 비추었느니라.

그때 동방의 5백만억 모든 국토 속에 있는 범천의 궁전에 평소보다 배나 밝은 광명이 비치자, 범천왕들은 각기 생각했느니라.

'지금 궁전을 비추는 광명은 전에 없이 밝다. 어떤 인연으로 이 상서가 나타났는가?'

범천왕들은 함께 모여 이 일을 의논하였는데, 그 속에 있던 구일체(救一切)라는 대범천왕이 범천의 무리들에게 게송으로 말했느니라.

이궁전에 전에없이 밝은광명 비치나니
그인연이 무엇인지 서로함께 찾아보자
대덕천인(大德天人) 나심인가 부처님의 출현인가
이와같은 큰광명이 시방세계 비추다니

이때 동방 5백만억 국토의 범천왕들은 옷 속에 갖가지 하늘 꽃을 가득 담은 다음, 궁전을 이끌고 함께 서쪽으로 나아가 광명이 비치는 이유를 찾았느니라. 그러다가 천·용·건달바·긴나라·마후라가·인비인(人非人) 등이 보리수 아래의 사자좌에 앉아 계신 대통지승여래를 공

제7 화성유품 · 15

경하면서 둘러싸고 있는 모습을 보게 되었고, 또 16왕자가 법륜을 굴리시기를 청하는 모습도 보게 되었느니라.

그 즉시 범천왕들은 부처님의 발에 머리를 숙여 예배드리고 부처님 주위를 백천 번 돈 다음, 부처님 위에 수미산(須彌山) 만큼이나 되는 하늘꽃을 뿌렸느니라. 그리고 높이 10유순이나 되는 보리수에도 하늘 꽃을 공양한 뒤, 이끌고 온 궁전을 바치며 아뢰었느니라.

'저희를 불쌍히 여기고 두루 이롭게 하옵시는 뜻으로 이 궁전을 받아 주소서.'

범천왕들은 일심동성(一心同聲)(한마음 한목소리)으로 게송을 읊었느니라.

세존매우 희유하여 만나뵙기 어렵도다
무량공덕 갖추시어 일체능히 구호하고
천인인간 스승되어 세간중생 애민(哀愍)하니
시방세계 중생들이 큰이익을 입나이다

저희들은　오백만억　각기다른　국토에서
선정락(禪定樂)을　다버리고　공양코자　왔나이다
지난세상　복덕으로　장엄하고　이룬궁전
부처님께　바치오니　부디받아　주옵소서

　범천왕들은 찬탄하고 다시 아뢰었느니라.
　'바라옵건대 법륜을 굴리시어 중생들이 해탈할 수 있게 하고 열반의 길을 열어주소서.'
　그리고는 일심동성으로 게송을 읊었느니라.

양족존인　세존이여　바라오니　법 설하여
대자비의　힘으로써　고뇌(苦惱)중생　구하소서

　그때 대통지승여래께서는 잠자코 이를 허락하셨느니라.
　또한 비구들아, 동남방의 5백만억 국토에 있는 대범천왕들도 그들의 궁전에 예전에 없던 밝은 광명이 비치는 것을 보고는 크게 기뻐하고 놀라워하면서 함께 모여 이 일을 의논하였으며, 그때 대비(大悲)라는 대범천왕이 범천의 무리들에게 게송으로 말했느니라.

이 일 어떤 인연으로 나타나게 되었는가
모든 궁전 전에 없던 광명으로 가득하니
대덕천인(大德天人) 나심인가 부처님의 출현인가
일찍 보지 못한 상서 일심으로 원인 찾되
천만억의 국토 모두 다니면서 찾아보세
그 어쩌면 고통받는 중생들의 해탈 위해
부처님이 이 세상에 출현하심 아닐는지

이때 동남방 5백만억 범천왕들은 옷 속에 갖가지 하늘 꽃을 가득 담은 다음, 각자의 궁전을 이끌고 함께 서북쪽으로 나아가 광명이 비치는 이유를 찾았느니라. 그러다가 천·용·건달바·긴나라·마후라가·인비인 등이 보리수 아래의 사자좌에 앉아 계신 대통지승여래를 공경하면서 둘러싸고 있는 모습을 보게 되었고, 또 16왕자가 법륜 굴리시기를 청하는 모습도 보게 되었느니라.

그 즉시 범천왕들은 부처님의 발에 머리를 숙여 예배드리고 부처님 주위를 백천 번 돈 다음, 부처님 위에 수미산만큼이나 되는 하늘 꽃을 뿌렸느니라. 그리고는 높이 10유순이나 되는 보리수에도 하늘 꽃을 공양한 뒤, 이끌고 온 궁전을 바치며 아뢰었느니라.

'저희들을 불쌍히 여기고 두루 이롭게 하옵시는 뜻으로 이 궁전을 받아 주소서.'

범천왕들은 일심동성으로 게송을 읊었느니라.

성주(聖主)시며 천중왕(天中王)이 가릉빈가 음성으로
중생위해 설법함에 모두경배 하옵니다
희유하기 그지없는 세존출현 언제였나
백팔십겁 지나도록 나타나지 않았기에
삼악도는 가득차고 천인줄고 있나이다

이제 부처 출현하여 중생들의 눈이 되니
세간 모두 귀의하여 참된 도를 구합니다
부디 모든 중생들의 아버지가 되시어서
불쌍하게 여기시고 큰 이익을 주옵소서
저희들은 여러 생에 쌓고 이룬 복덕분에
지금 바로 여기에서 부처님을 뵙나이다

 범천왕들은 찬탄하고 다시 여쭈었느니라.
 '바라옵건대 세존께서는 저희 모두를 불쌍히 여기시고 법륜을 굴리시어 중생들이 해탈할 수 있게 하옵소서.'
 그리고는 일심동성으로 게송을 읊었느니라.

크나크신 성인이여 대법륜을 굴리시어
모든 법의 참 모습을 나타내어 보이시고
고뇌 중생 구제하여 환희롭게 하옵소서
이 법 듣는 중생들은 제도 받아 천(天)에 나며
삼악도는 줄어들고 착한 이는 늘어나리

그때 대통지승여래께서는 잠자코 이를 허락하셨느니라.

또한 비구들아, 남방의 5백만억 국토에 있는 대범천왕들도 그들의 궁전에 예전에 없던 밝은 광명이 비치는 것을 보고는, 크게 기뻐하고 놀라워하면서 함께 모여 의논하였느니라.

'어떠한 인연으로 우리들의 궁전에 이러한 광명이 비치는가?'

이때 그들 중 묘법(妙法)이라는 대범천왕이 범천의 무리들에게 게송으로 말했느니라.

우리들의 궁전마다 대광명이 가득하니
그 인연이 무엇인지 분명하게 찾아보자
지난세월 백천겁에 이런 일이 없었으니
대덕천인(大德天人) 나심인가 부처님의 출현인가

이때 남방 5백만억 범천왕들은 옷자락에 갖가지 하늘 꽃을 가득 담은 다음, 각자의 궁전을 이끌고 함께 북쪽으로 나아가 광명이 비치는 이유를 찾았느니라. 그러다가, 천·용·건달바·긴나라·마후라가·인비인 등이 보리수 아래의 사자좌에 앉아 계신 대통지승여래를 공경하면서 둘러싸고 있는 모습을 보게 되었고, 또 16왕자가 법륜을 굴리시기를 청하는 모습도 보게 되었느니라.

그 즉시 범천왕들은 부처님의 발에 머리 숙여 예배드리고 부처님 주위를 백천 번 돈 다음, 부처님 위에 수미산만큼이나 되는 하늘 꽃을 뿌렸느니라. 그리고는 높이 10유순이나 되는 보리수에도 하늘 꽃을 공양한 뒤, 이끌고 온 궁전을 바치며 아뢰었느니라.

'저희들을 불쌍히 여기고 두루 이롭게 하옵시는 뜻으로 이 궁전을 받아 주소서.'

범천왕들은 일심동성으로 게송을 읊었느니라.

모든 번뇌 깨뜨리신 세존 뵙기 어렵나니

백삼십겁　지나서야　이제겨우　만나뵙네
기갈(飢渴)속의　중생에게　법비가득　내리시니
예전에는　보지못한　지혜지닌　분이로다
우담바라　꽃을보듯　오늘에야　뵙게되니
광명받아　더빛나는　저희들의　여러궁전
세존이여　대자비로　부디받아　주옵소서

범천왕들은 찬탄하고 다시 아뢰었느니라.
　'바라옵건대 법륜을 굴리시어 모든 세간의 천인·마구니·범천·사문·바라문들로 하여금 편안함을 얻고 해탈을 얻게 하옵소서.'
　그리고는 일심동성으로 게송을 읊었느니라.

가장높은　분이시여　무상법륜(無上法輪)　굴리시며
큰법고(法鼓)를　치시옵고　큰법라(法螺)를　부시면서
큰법비를　내리시어　무량중생　구하소서
저희모두　한결같이　귀의하여　청하오니
넓고깊은　음성으로　법을설해　주옵소서

그때 대통지승여래께서는 잠자코 이를 허락하셨느니라.

그리고 서남방과 하방(下方)에서도 이와 같은 일이 있었느니라.

또 상방(上方)의 5백만억 국토에 있는 대범천왕들은 그들의 궁전에 예전에 없던 밝은 광명이 비치는 것을 보고는, 크게 기뻐하고 놀라워하면서 함께 모여 의논하였느니라.

'무슨 인연으로 우리들의 궁전에 이러한 광명이 비치는가?'

이때 그들 중 시기(尸棄)라는 대범천왕이 범천의 무리들에게 게송으로 말했느니라.

지금무슨　인연으로　우리들의　궁전마다
위덕광명(威德光明)　가득하고　아름답게　변했는가
이와같이　묘한일은　듣도보도　못했나니
대덕천인　나심인가　부처님의　출현인가

이때 상방 5백만억 범천왕들은 옷자락에 갖가지 하늘 꽃을 가득 담은 다음, 각자의 궁전을 이끌고 모두 함께 아래쪽으로 나아가 광명이 비치는 이유를 찾았느니라. 그러다가 천·용·건달바·긴나라·마후라가·인비인 등이 보리수 아래의 사자좌에 앉아 계신 대통지승여래를 공경하면서 둘러싸고 있는 모습을 보게 되었고, 또 16왕자가 법륜을 굴리시기를 청하는 모습도 보게 되었느니라.

그러자 범천왕들은 부처님의 발에 머리 숙여 예배드리고 부처님 주위를 백천 번 돈 다음, 부처님 위에 수미산만큼이나 되는 하늘 꽃을 뿌렸느니라. 그리고는 높이 10유순이나 되는 보리수에도 하늘 꽃을 공양한 뒤, 이끌고 온 궁전을 바치며 아뢰었느니라.

'저희들을 불쌍히 여기고 두루 이롭게 하옵시는 뜻으로 이 궁전을 받아 주소서.'

범천왕들은 일심동성으로 게송을 읊었느니라.

거룩하신 부처님은 세상 고난 구제하고
삼계감옥 갇힌중생 부지런히 건져내며
세상에서 가장높고 모든것을 아시오니
감로문을 활짝열어 제도하여 주옵소서
한량없는 오랜세월 부처님이 없었으니
세존아니 계신동안 시방세계 캄캄하여
삼악도가 점점늘고 아수라들 성했으며
천인죽어 악도(惡道)가서 수가점점 줄어들고
부처님법 듣지못해 착한일을 아니하면
몸의힘과 지혜들이 날로감소 했나이다
죄업지은 인연으로 즐거움을 잃게되고
삿된법에 머무를뿐 선한법을 몰랐으며
부처님법 못만나니 어찌악도 면했으리
세간눈인 부처님이 이제출현 하셨도다
고통받는 여러중생 불쌍하게 여기시어
이세상에 오시어서 무상정각(無上正覺) 이루시니
저희들과 모든중생 수희찬탄(隨喜讚歎) 하옵니다
광명비춰 더욱밝게 빛이나는 저희궁전

부처님께 바치오니 부디받아 주옵소서
원하오니 이공덕이 모든것에 두루미쳐
저희들과 중생모두 성불하게 하옵소서

 범천왕들은 찬탄하고 또다시 아뢰었느니라.
'바라옵건대 법륜을 굴리시어 많은 이들이 편안함을 얻고 해탈을 얻게 하옵소서.'
 그리고는 다시 게송을 읊었느니라.

무상법륜 굴리시고 감로의북 울리시며
고뇌중생 제도하고 열반의길 보이소서
바라오니 저희간청 불쌍하게 여기시어
한량없는 겁을통해 닦고익힌 그법륜을
미묘하기 그지없는 음성으로 설하소서

 그때 대통지승여래께서는 시방의 모든 범천왕들과 16왕자의 간청을 받으시고 곧바로 십이행의 법륜을 세 번 굴리셨느니라〔三轉十二行〕.

이는 사문이나 바라문·천인·마구니·범천 등 세상의 어느 누구도 굴릴 수 없는 가르침이니, 이른바 고성제(苦聖諦)·고집성제(苦集聖諦)·고멸성제(苦滅聖諦)·고멸도성제(苦滅道聖諦)가 그것이니라.

또 십이인연법(十二因緣法)을 널리 설하셨느니라

'무명(無明)을 연(緣)으로 삼아 행(行)이 생기고, 행을 연으로 삼아 식(識)이 생기고, 식을 연으로 삼아 명색(名色)이 생기고, 명색을 연으로 삼아 육입(六入)이 생기고, 육입을 연으로 삼아 촉(觸)이 생기고, 촉을 연으로 삼아 수(受)가 생기고, 수를 연으로 삼아 애(愛)가 생기고, 애를 연으로 삼아 취(取)가 생기고, 취를 연으로 삼아 유(有)가 생기고, 유를 연으로 삼아 생(生)이 생기며, 생을 연으로 삼아 노사(老死)와 근심·슬픔·고통·번뇌〔憂悲苦惱〕가 생기느니라.

그러므로 무명(無明)이 없어지면 행(行)이 없어지고, 행이 없어지면 식(識)이 없어지고, 식이 없어지면 명색(名色)이 없어지고, 명색이 없어지면 육입(六入)이 없어지고, 육입이 없어지면 촉(觸)이 없어지고, 촉이 없어지면 수(受)가 없어지고, 수가 없어지면 애(愛)가 없어지고, 애가 없어지면 취(取)가 없어지고, 취가 없어지면 유(有)가 없어지고, 유가 없어지면 생(生)이 없어지며, 생이 없어지면 노사(老死)와 근심·슬픔·고통·번뇌 등이 모두 없어지느니라.'

부처님께서 천인과 사람들 가운데에서 이 법을 설하시자, 6백만억 나유타에 이르는 사람들이 온갖 세간의 법에 집착하지 않게 되어 모든 번뇌[漏]로부터 해탈하였고, 깊고 묘한 선정의 경지와 삼명(三明)과 육신통(六神通)과 팔해탈(八解脫)을 성취하였느니라.

또 두 번째·세 번째·네 번째 설법을 하셨을 때에도 천만억 나유타만큼 많은 중생들이 온갖 세간의 법에 집착하지 않게 되어 모든 번뇌로부터 해탈하였으며, 그 후로 생겨난 성문은 이루 헤아릴 수조차 없이 많았느니라.

그때 16왕자는 동자의 몸으로 출가를 하여

사미(沙彌)가 되었는데, 그들은 모든 감각이 예리하고 지혜가 밝았으니, 일찍이 백천만억 부처님들을 공양하고 청정행을 닦으며 아뇩다라삼먁삼보리를 추구하였기 때문이니라.

16사미가 부처님께 아뢰었느니라.

'세존이시여, 이 수천만억에 이르는 덕 높은 성문들은 이미 다 성취하였나이다. 세존이시여, 이제 저희를 위하여 아뇩다라삼먁삼보리에 대한 가르침을 설하여 주소서. 저희들은 그 법 듣고 함께 힘써 수행코자 하옵니다. 세존이시여, 저희들이 여래지견(如來知見)에 뜻을 두고 있다는 것을, 저희의 마음 깊은 곳까지 꿰뚫어보고 계신 부처님께서는 잘 아실 것이옵니다.'

그때 전륜성왕이 이끌고 온 무리들 가운데 8만억의 사람이 16왕자가 출가하는 모습을 보고 그들도 출가를 하고자 하였는데, 왕은 그 자리에서 허락하였느니라.

그때 대통지승불께서는 사미들의 간청을 받

아들여, 그 후 2만 겁이 지난 다음에 사부대중에게 이 대승경전을 설하셨으니, 이름은 묘법(妙法)연화(蓮華)요, 보살을 가르치는 법이며, 모든 부처님들께서 보호하고 살피시는 경이니라.

부처님께서 이 경을 설하시자, 16사미는 아녹다라삼먁삼보리를 이루기 위해 함께 수지독송하여 깊은 뜻을 통달하였느니라. 이렇게 16보살사미(菩薩沙彌)는 다 믿고 받아지녔으며, 성문의 무리 중에도 믿고 이해하는 이가 있기는 하였으나, 그 밖의 천만억에 이르는 중생들은 모두 의혹을 품었느니라.

부처님께서는 8천 겁 동안 이 경을 잠시도 멈추지 않고 설하셨으며, 이 경을 다 설한 뒤에는 고요한 방으로 들어가 8만4천 겁 동안 선정에 드셨느니라.

이때 16보살사미는 부처님께서 방에 들어가 조용히 선정에 머물러 계심을 알고, 각기 법좌에 올라 8만4천 겁 동안 사부대중에게 묘법연화경의 가르침을 자세하게 설명하여, 제각기 6백만억 나유타 항하사(恒河沙)(갠지스강의 모래)만큼의 중생들에게 이익과 기쁨을 주고 아뇩다라삼먁삼보리를 얻고자 하는 마음을 일으키게 하였느니라.

대통지승불께서는 8만4천 겁이 지난 뒤 삼매(三昧)에서 일어나 법좌에 편히 앉으시더니 대중들에게 이르셨느니라.

'이 16보살사미는 놀라울 정도로 모든 감각이 예리하고 지혜가 밝다. 그들은 일찍이 천만억 부처님을 공양하고 그 부처님들 밑에서 청정행을 닦았으며, 받아 지닌 부처님의 지혜를 중생들에게 열어보여서 그 속으로 들어오게 하였느니라. 그러므로 너희는 16보살을 자주 찾고 공양하여야 한다. 그 까닭이 무엇인가? 성문이든 벽지불이든 보살이든 이 16보살이 설하는 경과 법을 비방하지 않고 받아 지니게 되면, 반드시 아뇩다라삼먁삼보리와 여래의 지혜를 얻게 될 것이기 때문이니라.'"

석가모니불께서 비구들에게 이르셨다.

"16보살은 항상 묘법연화경을 즐겨 설하였으며, 그들이 교화한 수백만억 나유타 항하사만큼의 많은 중생들은 세세생생 16보살들과 함께 하며 법을 듣고 믿고 이해하였느니라. 이때의 인연으로 그들은 그 뒤 4백만억 부처님들을 만나 뵈었으며, 아직도 그 인연은 끝나지 않고 있느니라.

비구들아, 내 너희에게 이르노니, 저 부처님의 제자인 16사미는 모두가 이미 아뇩다라삼먁삼보리를 얻었으며, 지금 시방의 국토에서 백천만억이나 되는 보살과 성문 대중들을 이끌며 설법하고 계시느니라.

그 가운데 두 사미는 동쪽에서 성불하였으니 한 분은 환희국(歡喜國)의 아촉불(阿閦佛)이요 또 한 분은 수미정불(須彌頂佛)이며, 동남쪽에도 두 부처님이 계시니 한 분은 사자음불(師子音佛)이요 다른 한 분은 사자상불(師子相佛)이니라.

남쪽에도 두 부처님이 계시니 한 분은 허공주불이요 다른 한 분은 상멸불이며, 서남쪽에도 두 부처님이 계시니 한 분은 제상불이요 다른 한 분은 범상불이니라.

서쪽에도 두 부처님이 계시니 한 분은 아미타불이요 다른 한 분은 도일체세간고뇌불이며, 서북쪽에도 두 부처님이 계시니 한 분은 다마라발전단향신통불이요 다른 한 분은 수미상불이니라.

북쪽에도 두 부처님이 계시니 한 분은 운자재불이요 다른 한 분은 운자재왕불이며, 동북쪽의 부처님은 괴일체세간포외불과 16번째인 바로 나 석가모니불이니, 모두가 사바세계에서 아뇩다라삼먁삼보리를 이루었느니라.

비구들아, 우리가 사미였을 때 항하사만큼 많은 중생들을 교화하였는데, 그들이 나를 따라 법을 들음은 아뇩다라삼먁삼보리를 얻기 위함이었느니라.

이 중생들 가운데 아직도 성문의 경지에 있는 이가 있어 나는 항상 아뇩다라삼먁삼보리를 이루도록 교화하는 것이니, 그들은 이 가르침을 통하여 차츰 부처님 되는 길〔佛道〕 속으로 들어서야 하느니라. 왜냐하면 여래의 지혜는 믿기 어렵고 알기 어렵기 때문이니라.

그때 교화했던 항하사만큼 많은 중생들이란 너희 모든 비구들과 내가 멸도(열반)〔滅度〕한 뒤의 미래 세상에 있을 성문 제자들이니라.

내가 멸도한 뒤 어떤 제자들은 이 경을 듣지도 못하고 보살이 행하는 바를 알지도 깨닫지도 못하였건만, '나 스스로 얻은 공덕으로 멸도를 얻었다' 생각하고는 열반에 들 것이다. 그러나 내가 다른 국토에서 다른 이름으로 성불을 할 때, '멸도를 얻었다' 생각하며 열반에 들었던 그는 내가 있는 국토에 다시 태어나 부처의 지혜를 구하면서 이 경을 듣게 되느니라.

오직 일불승〔一佛乘〕이라야 참된 멸도〔滅度〕를 얻을 수 있을 뿐 다른 가르침[乘]은 없나니, 모든 여래께서 방편으로 설한 성문승과 연각승도 제외되느니라.

 비구들아, 만일 여래가 열반에 들 때가 가까워지면 대중들 또한 청정하고 믿음과 앎이 견실해지며, 모든 것이 공(空)함을 요달하여 깊은 선정을 성취하게 되나니, 여래는 이를 알고 곧 성문과 보살들을 모아 이 경을 설하느니라.

 이 세간에서 이승(二乘)으로는 멸도(滅度)를 할 수가 없다. 오직 일불승이라야 멸도를 할 수 있느니라.

 비구들아, 마땅히 알아라. 나는 중생들이 작은 법을 좋아하고 오욕에 깊이 집착하는 성품을 꿰뚫어 보았기에 방편으로 열반을 설한 것이니, 나의 이 말을 듣고는 곧바로 믿고 받아들여야 하느니라. 비유를 들리라.

④ 화성유化城喩

5백유순이나 되는 아주 험난하고 사람마저

살지 않아 두렵기 그지없는 나쁜 길이 있는데, 사람들이 보물이 있는 곳으로 가기 위해 그 길을 지나가려 하였느니라.

그때 그들 가운데 한 길잡이[導師]가 있었으니, 총명한 지혜로 이 험난한 길의 통하고 막혀 있는 형세를 환히 알고 있었기에, 무리들을 이끌고 그 무서운 곳을 지나가게 되었느니라. 그러나 중도에 피곤함과 게으름이 생겨난 이들이 길잡이에게 말했느니라.

'우리는 몹시 피곤한 데다가 무서워서 더 이상 갈 수가 없습니다. 더욱이 앞으로 가야 할 길도 너무 멉니다. 그만 돌아가도록 합시다.'

이에 갖가지 방편을 지니고 있었던 길잡이는 생각했느니라.

'이 사람들은 참 불쌍하구나. 어찌하여 크고도 진귀한 보물을 포기하고 돌아가려 하는가?'

그리고는 방편의 힘으로 그 험한 길의 3백 유순 되는 지점에 신통력으로 화성(化城) 하나를 만든 다음 무리들에게 말했느니라.

'여러분, 두려워하지 마십시오. 그리고 돌아갈 생각도 하지 마십시오. 여기 큰 성이 있으니 들어가서 마음대로 지내십시오. 이 성에 들어가면 안온함을 얻을 수 있을 것입니다. 그리고 앞으로 더 나아가면 보물이 있는 곳에 다다를 수 있습니다.'

지쳐 있던 무리들은 크게 기뻐하면서 일찍이 없던 일이라 찬탄하며 말했느니라.

'이제 이 험한 길을 벗어나 편안함을 얻게 되었도다.'

그리고는 눈앞에 있는 화성으로 들어가서, 이미 험한 길을 다 벗어난 듯이 편안하게 쉬었느니라.

그 뒤 길잡이는 무리들이 휴식을 취하여 피곤함이 없어진 것을 알고는 화성을 없애 버리고 무리들에게 말했느니라.

'여러분, 이제 떠납시다. 보물 있는 곳이 가

깝습니다. 그리고 앞서 있던 큰 성은 그대들을 쉬도록 하기 위해 내가 신통력으로 만든 것이었소.'

❦

비구들아, 여래 또한 이와 같이, 너희를 인도하는 대도사(大導師)이니라. 여래는 모든 생사 번뇌와 악도(惡道)가 험난하고 매우 긴 것을 알고 있고, 응당 떠나야 할 것과 건너야 할 방법을 잘 알고 있느니라.

그러나 부처님을 보지도 가까이 하지도 않은 중생이 일불승의 가르침만을 듣는다면, 이렇게 생각할 것이다.

'부처가 되는 길은 멀고도 멀다. 오랫동안 부지런히 고행을 한 뒤에야 성불할 수 있다.'

부처님은 중생의 마음이 약하고 겁이 많고 용렬하다는 것을 알기 때문에, 중도에 쉬게 하기 위해 방편력으로 두 가지 열반을 설한 것이니라.

그러나 중생들이 이 성문과 연각의 경지에 안주(安住)하면 여래는 곧 다시 설하느니라.

'너희는 아직 할 바를 다하지 못하였다. 너희가 머물고 있는 경지는 부처님의 지혜에 가까운 경지일 뿐이다. 너희가 얻은 열반을 잘 관찰하고 헤아려 보아라. 그것은 진실한 열반이 아니다. 다만 여래가 방편력으로 일불승을 분별하여 삼승으로 설한 것이니라.'

이는 마치 저 길잡이가 무리들을 쉬게 하기 위해 신통력으로 큰 성을 만들었다가, 충분히 쉬었음을 알고는 '보물이 있는 곳이 가깝습니다. 그리고 이 성은 진짜가 아니라 내가 신통력으로 만든 것이었소'라고 말하는 것과 같으니라."

세존께서 거듭 게송으로 이르셨다.

도량에서 십겁 동안 정좌하고 계셨으나
제불들이 깨달으신 위없는법 보지못해

대통지승 부처님은 성불하지 못했도다
그렇지만 여러천인 꽃비내려 공양하고
북을치고 온갖악기 계속연주 하였으며
향기로운 바람불어 시든꽃을 쓸어가면
싱싱하고 새로운꽃 다시가득 뿌렸도다
십소겁을 지난뒤에 부처님이 되었으니
인간천인 모두가다 크게기뻐 하였도다
천만억의 권속들에 둘러싸인 십육왕자
아버지인 대통지승 부처님을 찾아가서
법륜굴려 주시기를 간절하게 청하였다
'성자시여 법비내려 두루적셔 주옵소서
오랜세월 지나야만 한번오는 부처님은
뵙기매우 어렵나니 법문크게 설하시어
모두에게 깨달음과 큰이익을 주옵소서'
그때동쪽 오백만억 국토속의 범천궁(梵天宮)에
매우밝은 빛비치니 전에없던 일이었다
여러범천 이를보고 부처님께 찾아와서
하늘꽃을 공양하고 좋은궁전 바치면서

부디법륜 굴리시길 게송으로 청했으나
때아님을 아시고서 묵묵하게 계시거늘
서남북쪽 사유상하 온세상의 범천들도
꽃과궁전 공양하며 위없는법 청하였다
'세존뵙기 어렵나니 대자비를 발하시어
감로문(甘露門)을 활짝열어 무상법륜(無上法輪) 굴리소서'
무량지혜 세존께서 간절한청 받아들여
사제법과 십이인연 등의법문 설하시며
무명(無明)에서 노사(老死)까지 인연따라 생겨나고
이로인해 허물재난 일어남을 깨우쳤다
이첫법문 설하실때 육백만억 많은중생
모든고(苦)를 다여의고 아라한이 되었으며
두번째의 설법에도 천만억의 무리들이
세간집착 모두떠나 아라한을 이루었고
그뒤에도 아라한도(道) 얻은이가 무량하니
만억겁을 헤아려도 다셀수가 없느니라
바로이때 십육왕자 출가하여 사미된뒤
부처님께 청했도다 '대승법을 설하시어

42 · 묘법연화경 제3권

저희들과　이권속들　모두가다　성불하여
제일가는　맑은혜안　얻게하여　주옵소서'
왕자들의　그마음과　지난세상　행한일을
다아시는　부처님은　한량없는　인연들과
많고많은　비유로써　육바라밀　설하시고
여러가지　신통력을　나타내어　보이시며
참된법과　보살들이　행할도를　분별하사
항하사수　게송으로　법화경을　설하셨다
恒河沙數
대통지승　부처님은　법화경을　다설한뒤
고요한방　들어가서　깊은선정　드셨는데
팔만사천　겁동안을　한자리에　계셨나니
십육사미　부처님이　깊은선정　드심알고
한량없는　중생위해　무상지혜　설하고자
법좌위에　각각올라　법화경을　설했노라
대통지승　여래께서　멸도하고　난뒤에도
한분한분　사미들이　법을펴서　교화하여
육백만억　항하모래　숫자만큼　많은중생
모두제도　하였나니　이때법을　들은이는

여러많은 불국토에 스승따라 함께났다
불도(佛道)모두 구족하고 실천을한 십육사미
지금시방 세계에서 부처되어 계시나니
그때법문 들은이들 십육부처 계신데서
성문으로 있으므로 그들차츰 교화하여
가장높은 깨달음을 성취하게 하느니라
나도십육 왕자일때 너희에게 방편써서
인도했던 인연있어 법화경을 지금설해
불지혜에 듣게하니 놀라지들 말지니라
비유하면 인적없고 맹수많고 물도없고
풀도없어 그지없이 두렵고도 험한길을
많고많은 천만중생 지나가려 하건마는
거친그길 매우멀어 오백유순 이나된다
바로그때 많이알고 지혜밝은 길잡이가
명료하게 판단하여 길안내를 하였건만
두려움과 피곤함에 지친이들 말했노라
'지금우리 너무지쳐 돌아가고 싶습니다'
길잡이는 생각했다 '이사람들 딱하게도

아주귀한 보물두고 돌아가려 하는건가
내가지금 방편으로 신통력을 베풀어서
큰성곽을 만든다음 여러집을 장엄하고
주위에는 동산숲과 하천연못 다갖추며
이중문에 높은누각 장엄하게 만들어서
많은남녀 편안하게 모여살수 있게하자'
곧이어서 환술부려 그와같이 만든다음
지쳐있는 무리향해 위로하며 말했노라
'이성안에 들어가서 마음대로 즐기시오'
모든사람 성에들어 큰기쁨을 느끼면서
'고난모두 벗었다'며 안온함을 즐겼으며
피곤함이 사라지자 길잡이는 말했노라
'이제다시 떠납시다 이건바로 화성(化城)이니
여러분이 너무지쳐 중도포기 하려함에
방편력을 베풀어서 잠시만든 성이라오
부지런히 전진하면 보배땅에 이르리다'
나도또한 이와같아 모든이의 도사(導師)되어
구도자들 중도에서 게으르고 해이해져

제7 화성유품 · 45

생사번뇌 험한길을 벗어나지 못함보고
휴식주려 방편으로 열반법을 설했더니
너희들은 '고통멸해 일다했다' 하더구나
그렇지만 그열반은 아라한과(阿羅漢果) 이름이니
이제대중 모두모아 진실한법 설하노라
'부처님들 방편으로 삼승법을 말하지만
탈수레는 오직하나 일불승(一佛乘)만 있느니라
쉴수있게 하기위해 이승(二乘) 설한 것뿐이니
너희들이 얻은것은 참멸도가 아니니라
부처님의 일체지혜 모두얻어 가지려면
해태심을 내지말고 부지런히 정진하라
부처님의 일체지(一切智)와 십력(十力)등의 불법얻고
삼십이상 갖추어야 참멸도라 하느니라'
도사이신 부처님은 열반설해 휴식주고
휴식끝난 다음에는 불지혜로 인도한다

〈제7 화성유품 끝〉

묘법연화경 제4권

제8 오백제자수기품
第八 五百弟子授記品

그때 부루나미다라니자(富樓那彌多羅尼子)는 부처님께서 지혜의 방편으로 근기에 따라 법문을 설하신다는 것을 들었고, 장차 큰 제자들이 아뇩다라삼먁삼보리를 얻을 것이라고 수기하는 것을 들었으며, 부처님들께 자유자재한 신통력이 있다는 말씀을 듣고 마음이 매우 맑아졌으며 이루 말할 수 없는 기쁨을 느꼈다.

그는 자리에서 일어나 부처님 앞으로 나아가 머리를 부처님의 발에 대어 예배를 드린 다음, 한쪽에 물러나 잠시도 눈을 떼지 않고 존안을 우러러보며 생각하였다.

'부처님은 매우 거룩하고 특별하신 분으로,

세간 중생들의 다양한 성품에 수순하고 방편과 지혜로써 설법을 하여 중생들이 여러 가지 탐착(貪着)을 뿌리 뽑아 주시나니, 이러한 부처님의 공덕을 어찌 말로 다 표현하랴. 오직 세존만은 우리 깊은 마음속의 본원(本願)을 능히 아시리라.'

그때 부처님께서 비구들에게 이르셨다.

"너희들은 이 부루나미다라니자를 보고 있느냐? 나는 항상 그를 일러 '설법하는 사람 가운데 제일'이라 칭찬하였고, 그가 지닌 여러 가지 공덕을 칭찬하였다. 그는 부지런히 정진하면서 내 법을 지키고 보호하고 널리 폈느니라. 곧, 사부대중을 가르쳐 이롭고 기쁘게 하였으며, 부처님의 정법을 잘 해석하여 함께 수행하는 이들을 크게 이롭게 하였으니, 여래를 제외하고는 그의 설법하는 능력을 당할 자가 없느니라.

너희들은 부루나가 단지 내 법만을 지키고 보호하고 널리 편다고 생각하지 말라. 그는 과거세에도 90억 부처님의 처소에서 그 부처님들의 정법을 지키고 보호하고 널리 폈으며, 그 당시에도 역시 설법하는 사람 가운데 제일이었느니라.

또 부처님들이 설하신 공법(空法)을 명료하게 통달하였으며, 사무애지(四無礙智)를 얻어서 늘 한 점의 의혹 없이 자세하고도 청정하게 설법하였느니라. 그리고 보살의 신통력을 다 갖추어 목숨이 다하도록 청정하게 수행을 하였으므로, 부처님과 사람들은 그를 일러 '진실한 성문〔實是聲聞〕'이라 하였느니라.

부루나는 진실한 성문다운 방편으로 수백 수천 무량 중생들을 이롭게 하였고, 한량없는 중생들을 교화하여 아뇩다라삼먁삼보리를 발하게 하였으며, 불국토를 정화하고자 늘 불사(佛事)를 행하고 중생을 교화하였느니라.

비구들아, 부루나는 과거 칠불(七佛) 당시에도 설법하는 사람 가운데 제일이었고, 지금 내 처소에서도 설법하는 사람 가운데 제일이며, 이 현(賢)

겁(劫) 중에 앞으로 나타나실 제불들 밑에서도 설법하는 사람 가운데 제일이 되어, 부처님들의 법을 지키고 보호하고 널리 펼 것이니라.

또한 현겁 이후 미래세의 무량무변한 부처님들의 법을 지키고 보호하고 널리 펴서 수많은 중생을 이롭게 하고 아뇩다라삼먁삼보리를 발하게 할 것이며, 불국토를 정화하고자 늘 부지런히 정진하고 중생들을 교화할 것이니라.

이렇게 점차 보살도를 갖추어서 무량아승지겁이 지난 뒤에 이 땅에서 아뇩다라삼먁삼보리를 얻게 되나니, 이름은 법명(法明)여래·응공·정변지·명행족·선서·세간해·무상사·조어장부·천인사·불세존이니라.

법명여래는 항하사만큼 많은 삼천대천세계를 하나로 만들어 자신의 국토로 삼나니, 칠보로 이루어진 땅은 평탄하기가 손바닥 같아서 산과 언덕과 계곡과 구릉이 없느니라. 그곳에는 칠보로 꾸민 누각이 가득 차 있고, 천궁(天宮)

들이 가까이에 있어 인간과 천인들이 서로 바라보거나 사귈 수 있으며, 악도(惡道)가 없고 여인 또한 없으며, 중생들은 의지하는 바 없이 홀연히 화생(化生)을 하기 때문에 음욕이 없느니라. 또 큰 신통을 얻어 몸에서 광명이 나고 자유롭게 날아다니며, 뜻과 생각이 견고하고, 지혜롭게 정진하여 모두가 금빛 몸에 삼십이상을 스스로 갖추게 되느니라.

그 나라 중생들은 두 가지 음식으로 살아가나니, 하나는 법희식(法喜食)이요 다른 하나는 선열식(禪悅食)이니라. 또 한량없는 천만억 나유타에 이르는 보살들은 큰 신통과 사무애지를 얻어서 중생들을 잘 교화하며, 헤아릴 수 없이 많은 성문 모두는 삼명(三明)과 육신통(六神通)과 팔해탈(八解脫)을 갖추게 되나니, 그 불국토는 이와 같은 한량없는 공덕으로 장엄하게 이루어져 있느니라.

겁의 이름은 보명(寶明)이요, 나라의 이름은 선정(善淨)이며, 부처님의 수명은 무량아승지겁이요, 정법과 상법도 매우 오래 머무느니라. 그리고 그 부처님이 멸도하신 뒤에는 칠보탑이 온 나라에 가득 찰 만큼 많이 세워지게 되느니라."

세존께서는 거듭 게송으로 이르셨다.

비구들아 잘 들어라 불자들이 널리펴고
터득하는 방편들은 가히알기 어렵노라
작은법을 좋아하는 어리석은 중생들이
큰지혜를 두려워함 이미아는 보살들은
성문이나 연각되어 한량없는 방편으로
중생들을 교화하되 '나는진짜 성문이요
매우깊은 불도와는 실로멀다' 말하면서
중생들과 함께하여 모두도를 얻게하되
게으름에 빠져있고 작은법을 즐기는이
장차성불 할수있게 격려하고 인도한다
안으로는 은밀하게 보살행을 닦으면서
밖으로는 성문모습 나타내어 행세하니
욕망적고 나고죽음 싫어하는 듯하지만

실제로는　불국토를　정화하는　보살이라
탐진치의　삼독있음　중생에게　보여주고
삿된소견　물든모습　주저없이　보여준다
이와같은　방편으로　중생들을　제도하니
내제자들　나타낸것　그모두가　화현이다
그렇지만　사실대로　중생에게　말을하면
마음가득　의혹품어　믿을이가　없느니라
부루나는　과거천억　부처님을　섬기면서
부지런히　도닦으며　부처님법　잘지켰고
법받들어　널리펴며　무상지혜　구했기에
제불들의　계신데서　상수제자　되었도다
다문(多聞)에다　지혜있어　환희롭게　설법하면
중생들이　기뻐하고　일찍없던　일이라며
피곤함을　잊은채로　두루불사(佛事)　도왔도다
큰신통과　사무애지　두루갖춘　부루나는
중생근기　바로알아　청정한법　늘설하고
바른뜻을　널리펴서　천억중생　가르치니
그들모두　편안하게　대승법에　머물렀고

제8 오백제자수기품 · 55

부처님의 모든국토 맑게정화 되었도다
미래세도 많은부처 친견하고 공양하며
바른법을 보호하고 중생위해 널리펴서
부처님의 모든국토 맑게정화 함은물론
여러가지 방편으로 환희롭게 설법하여
헤아릴수 없이많은 중생들을 제도하고
부처님의 모든지혜 성취토록 할것이다
그뒤에도 부루나는 모든여래 공양하고
법보장(法寶藏)을 지키다가 마침내는 성불하니
그이름은 법명(法明)이요 겁의이름 보명(寶明)이며
칠보로써 잘꾸며진 나라이름 선정(善淨)이다
보살대중 매우많아 나라안에 가득한데
모두다들 대신통과 위엄덕망 갖추니라
삼명(三明)에다 팔해탈과 사무애지 등을갖춘
성문들이 무수하니 이들모두 비구로다
그나라의 여러중생 음욕이미 끊어졌고
순수하게 화생(化生)하고 삼십이상 갖췄으며
법희식(法喜食)과 선열식(禪悅食)뿐 다른음식 생각없다

여인들도   없거니와   악도(惡道)또한   없음이니
지금여기   부루나는   모든공덕   갖추어서
어진성인   매우많은   청정국토   얻게된다
이런일이   한없지만   일부분만   말하노라

그때, 심자재(心自在)를 얻은 1천 2백 아라한들은 이렇게 생각하였다.

'우리들은 일찍이 경험하지 못한 환희로움을 느꼈다. 만일 세존께서 저 큰 제자들과 같이 우리들에게도 수기를 주신다면 얼마나 기쁘겠는가.'

부처님께서는 그들의 마음속 생각을 아시고 마하가섭에게 이르셨다.

"이 1천 2백 아라한들에게도 내 이제 차례대로 아뇩다라삼먁삼보리를 얻을 것이라는 수기를 주리라.

이들 가운데 나의 큰 제자인 교진여(僑陣如)비구는 앞으로 6만 2천억 부처님들을 공양한 뒤에 성불하리니, 이름은 보명(普明)여래·응공·정변지·명행족·선서·세간해·무상사·조어장부·천인사·불세존이니라.

그리고 우루빈나가섭(優樓頻螺迦葉)·가야가섭(伽耶迦葉)·나제가섭(那提迦葉)·가류다이(迦留陀夷)·우타이(優陀夷)·아누루타(阿㝹樓馱)·이바다(離婆多)·겁빈나(劫賓那)·박구라(薄拘羅)·주타(周陀)·사가타(莎伽陀) 등의 5백 아라한들도 모두 아뇩다라삼먁삼보리를 얻어 다 같이 보명(普明)이라 이름하게 되느니라."

세존께서 거듭 게송으로 이르셨다.

교진여는	미래세에	무량부처	친견하고
아승지겁	지난뒤에	무상정각	이루나니
큰광명을	늘발하고	신통모두	구족함에
시방으로	이름떨쳐	모든이가	공경하고
위없는도	늘설함에	보명(普明)이라	하느니라
청정하기	그지없는	그나라의	보살들은
묘한누각	위에올라	시방국토	다니면서
가장좋은	공양들을	제불들께	바친다음

큰기쁨을 가득품고 잠깐사이 돌아오니
이와같은 신통력을 보살들은 갖고있다
보명여래 그수명은 육만겁에 이르는데
열반뒤의 정법기간 부처수명 곱절이요
상법또한 정법기간 두배가량 되느니라
부처님법 사라지면 천인인간 근심할새
범행닦은 오백비구 보명이란 이름으로
모두가다 차례대로 성불함을 수기하니
'내가멸도 하고나면 아무개가 성불하여
이세상을 교화함이 지금나와 같다'한다
그국토의 장엄함과 여러가지 신통력과
보살이나 성문능력 정법상법 머무름과
많고적은 수명들은 앞서설한 바와같다
가섭이여 자재얻은 오백명의 비구들과
그나머지 성문들도 이와같이 될것이니
여기없는 이에게는 네가전해 줄지어다

이때 부처님으로부터 수기를 받은 5백 아라

한들은 크게 기뻐하면서 자리에서 일어나 부처님 앞으로 나아갔다. 그리고는 머리를 부처님의 발에 대고 예배드린 다음, 허물을 뉘우치고 스스로를 책망하였다.

"세존이시여, 저희는 늘 '이미 완전한 멸도를 얻었다'고 생각하였는데, 지금 알고 보니 지혜 없는 자들이나 다를 바가 없었나이다. 왜냐하면 마땅히 여래의 지혜를 얻어야 하거늘, 오히려 작은 지혜에 만족하고 있었기 때문입니다. 세존이시여, 비유를 들겠습니다.

⑤ 의주유衣珠喩

어떤 이가 친한 벗의 집에 갔다가 술에 취해 누워 자게 되었는데, 갑자기 관청의 일로 멀리 가게 된 친한 벗은 값을 따질 수 없을 정도로 비싼 보주寶珠를 술취한 이의 옷 속에 매어 주고 길을 떠났습니다.

그러나 술에 취해 자고 있었던 그는 전혀 알

지 못하였고, 일어나서는 곧 유랑길에 올라 다른 나라로 갔습니다. 그는 옷과 음식을 구하기 위해 갖은 고생을 다 하였고, 조그마한 소득이 있으면 그것으로 만족하였습니다.

뒷날 친한 벗을 우연히 다시 만나게 되었을 때, 벗은 이렇게 꾸짖었습니다.

'이 못난 사람아, 어찌 옷과 음식 때문에 이 고생을 하고 있는가? 자네가 오욕(五欲)을 마음대로 즐기며 안락하게 살 수 있도록 하기 위해, 어느 해 어느 날에 아주 값비싼 보주를 자네 옷 속에 매어 두었는데, 지금도 그대로 있을 것이다. 자네가 그것을 알지 못한 채 살아남기 위해 온갖 고초를 다 겪었다니 참으로 어리석네. 이제라도 그 보주를 팔아 쓰면 원하는 것을 살 수 있고 부족함 없이 늘 풍족하게 지낼 수 있을 것일세.'

부처님께서도 이와 같으시니, 세존께서는 보

살로 계실 때 늘 저희를 교화하여 일체지(一切智)를 구하는 마음을 일으키게 하셨나이다. 그러나 저희는 완전히 잊어버리고 알지도 깨닫지도 못한 채 아라한의 도를 얻고는 스스로 멸도를 얻었다고 여겼으니, 먹고 살기 어려운 이가 조금만 얻는 바가 있어도 만족하는 것과 같았나이다.

그러나 일체지(一切智)를 구하는 서원만은 여전히 잃지 않고 있기에, 세존께서는 저희의 그 서원을 깨닫게 하고자 이렇게 말씀하셨나이다.

'비구들아, 너희가 얻은 것은 완전한 멸도가 아니다. 내 오랫동안 너희에게 부처님 되는 선근을 심게 하기 위해 방편으로 열반의 모습을 보였거늘, 너희는 그것을 얻고서 진정한 멸도를 얻었다고 생각한 것이니라.'

세존이시여, 저희는 이제서야 참다운 보살이 되어 아뇩다라삼먁삼보리를 얻으리라는 수기를 받게 되었으며, 이 인연으로 예전에 느껴보지 못한 대환희를 느끼옵니다."

저희들은 '가장높은 깨달음을 얻으리라'
수기주는 편안하고 따스하온 말씀듣고
이제까지 경험못한 환희심을 느끼면서
무량지혜 지니오신 부처님께 예배하고
지난시절 허물들을 모두참회 했나이다
한량없는 불보(佛寶)중에 조그마한 열반얻고
어리석은 사람처럼 만족하며 지냈으니
이는마치 가난한이 친구집을 찾았을때
큰부자인 그친구가 좋은음식 대접하고
빈궁한이 잠이들자 엄청나게 귀한보주
옷속에다 넣어준뒤 말도없이 떠나가니
그사실을 모른채로 잠에서깬 빈궁한이
이곳저곳 떠돌다가 멀리타국 이르러서
옷과음식 구하고자 온갖고초 겪었지만
더좋은것 원치않고 적게얻어 만족할뿐
옷속보주 있는줄을 전혀알지 못하다가
보배구슬 줬던친구 뒷날다시 그와만나
고생살이 책망한뒤 옷속보배 알려주니

제8 오백제자수기품 · 63

빈궁한이 보주보고 그지없이 기뻐한뒤
재산명예 욕락들을 누리면서 지냈지요
저희또한 이같아서 세존께서 긴세월을
늘불쌍히 여기면서 한결같이 교화하여
가장높은 거룩한원 능히심어 주셨건만
저희들이 무지하여 깊은뜻을 못깨닫고
조그마한 열반얻어 이루었다 자부하며
더구하지 아니한채 만족하고 지냈는데
이제세존 저희들을 다시깨워 주신말씀
'너희들이 얻은것은 참된멸도 아니니라
가장높은 부처지혜 얻어야만 참멸도다'
그리고는 저희에게 부처됨을 수기하고
오백제자 차례대로 성불함을 듣게되니
몸과마음 환희롭고 그지없이 좋습니다

〈제8 오백제자수기품 끝〉

제9 수학무학인기품
第九 授學無學人記品

그때 아난과 라후라는 생각하였다.
'우리도 수기를 받으면 얼마나 좋을까?'

그리고는 자리에서 일어나 부처님 앞으로 나아가 머리를 부처님의 발에 대어 예배드린 다음 아뢰었다.

"세존이시여, 저희도 자격이 있는 것은 아닌지요? 저희는 오직 부처님께만 귀의하고 있나이다. 또 일체 세간의 천인·인간·아수라들이, '아난은 늘 세존의 시자로서 가르침을 잘 지키고 보호하고 있으며, 라후라는 세존의 아들이다'하면서 저희를 존경하고 있나이다. 부처님께서 저희에게 장차 아뇩다라삼먁삼보리를 얻으리라는 수기를 주신다면, 저희가 오랫동안 바라던 소원이 이루어지는 것이요 대중의 바람 또한 충족될 것이옵니다."

이때 아직 배울 것이 남아 있는 유학(有學)과 더 배울 것이 없는 무학(無學)의 성문 제자 2천 명도 모두 자리에서 일어나 세존 앞으로 나아갔다. 그리고는 오른쪽 어깨를 드러내고 일심으로 합장한 채 세존을 바라보면서 아난과 라후라의 소원과 같은 생각을 하며 한쪽에 서있었다.

이에 세존께서 아난에게 이르셨다.

"너는 오는 세상에 성불하리니 이름은 산해(山海) 혜자재통왕(慧自在通王)여래·응공·정변지·명행족·선서·세간해·무상사·조어장부·천인사·불세존이니라. 마땅히 62억에 이르는 부처님들을 공양하고 그 부처님들의 가르침을 보호하고 지킨 뒤에 아뇩다라삼먁삼보리를 얻고, 20천만억 항하사만큼의 많은 보살들을 교화하여 아뇩다라삼먁삼보리를 얻게 하느니라.

그 나라의 이름은 상립승번(常立勝旛)이요, 국토는 유리로 이루어져 있어 청정하며, 겁 이름은 묘음(妙音)변만(徧滿)이니라. 그 부처님의 수명은 무량천만억 아승지겁이니, 어떤 이가 천만억 무량아승지겁 동안 헤아려도 능히 다 알 수가 없느니라. 정법은 부처님 수명의 두 배가 되는 기간 동안 세상에 머무르고, 상법은 정법의 두 배가 되는 기간 동안 세상에 머무느니라.

아난아, 이 산해혜자재통왕불은 시방의 무량천만억 항하사만큼 많은 부처님들의 찬탄과 칭송을 받게 될 것이니라."

세존께서 다시 게송으로 이르셨다.

내가이제	여기모인	대중에게	이르노니
부처님법	잘지키는	나의제자	아난다는
한량없는	부처님을	공양한뒤	정각이뤄
그이름을	산해혜자(山海慧自)	재통왕불(在通王佛)	이라하고
맑고맑은	국토이름	상립승번	이라한다

통왕불은 항하사수 많은보살 교화하고
위덕(威德)커서 시방으로 이름널리 떨치나니
한량없는 수명얻음 중생애민 결과이다
그세상의 정법기간 부처수명 곱절이요
상법기간 또한길어 정법두배 이르나니
항하모래 수와같이 무수하게 많은중생
그부처님 법속에서 성불인연 심느니라

이때 대중 가운데 있던 새로 발심한 신발의(新發意) 보살(菩薩) 8천명은 하나같이 이렇게 생각하였다.

'대보살들도 이와 같이 수기를 받는 것을 본 적이 없는데, 어떤 인연으로 많은 성문들이 이러한 수기를 받게 된 것일까?'

세존께서는 보살들의 생각을 아시고 이르셨다.

"선남자(善男子)들아, 나와 아난은 공왕불(空王佛)의 처소에서 아뇩다라삼먁삼보리심을 일으켰느니라. 그러나 아난은 항상 많이 듣는 것을 좋아하였고

나는 늘 부지런히 정진하였기 때문에, 내가 먼저 아뇩다라삼먁삼보리를 얻게 되었고 아난은 나의 법을 지키고 보호하게 된 것이다. 아난은 미래에도 많은 부처님들의 법을 지키고 보호하면서 수많은 보살들을 교화하여 성취시키나니, 그의 본래 서원이 이러하기 때문에 이와 같은 수기를 받게 된 것이니라."

아난은 소원대로 부처님께 수기를 받고 그 불국토의 장엄함까지 듣고는 이루 말할 수 없이 기뻐하였다. 그리고는 곧 과거세의 무량만억 부처님들의 법장(法藏)을 마치 지금 들은 것처럼 막힘없이 모두 기억해내었으며, 자신의 본래 서원도 알게 되었다.

이에 아난이 게송으로 아뢰었다.

거룩하신 세존이여 진정희유 하옵니다
지난세상 한량없는 부처님의 크신법을
마치오늘 들은듯이 생각나게 해주시니

마음속의 　의심들이 　다사라져 　버렸으니
부처님의 　법가운데 　편안하게 　머물면서
방편으로 　시자되어 　불법호지^{護持} 하오리다

그때 세존께서 라후라에게 이르셨다.
"너는 오는 세상에 성불하리니 이름은 도칠^{踏七}보화^{寶華}여래·응공·정변지·명행족·선서·세간해·무상사·조어장부·천인사·불세존이니라. 마땅히 시방세계의 티끌 수만큼 많은 부처님들을 공양할 것이며, 오늘날 나의 장자인 것처럼 늘 수많은 부처님의 장자로 태어날 것이니라.

이 도칠보화불의 국토장엄과 그 부처님 수명의 겁수^{劫數}, 그리고 교화하는 제자의 수, 정법과 상법이 세상에 머무는 기간 등은 저 산해혜자재통왕여래와 다를 바가 없으며, 이 통왕불의 장자로도 태어나나니, 이러한 일을 거친 다음에 아뇩다라삼먁삼보리를 얻게 되느니라."

세존께서 거듭 게송으로 이르셨다.

나의태자 시절에는 장자(長子)였던 라후라가
내성불후 법을받아 법의아들 되었도다
오는세상 한량없는 부처님들 친히뵙고
부처님들 장자되어 일심으로 도닦으니
라후라가 행한밀행(密行) 오직나만 아느니라
지금나의 장자되어 중생에게 법을펴서
억천만의 무량공덕 능히닦아 이룩하고
불법속에 안주하여 위없는도 구하노라

이때 세존께서는 유학(有學)·무학(無學) 2천 명이 부드럽고 고요하고 청정한 생각을 품고 일심으로 부처님을 우러러 보고 있음을 아시고 아난에게 이르셨다.

"너는 유학과 무학 2천 명을 보느냐?"

"예, 이미 보았나이다."

"아난아, 이들은 장차 50세계(世界)의 티끌 수만

큼 많은 부처님들을 공양하고 공경하고 존중하면서 그 부처님들의 법을 지키고 보호한 다음에 시방세계에서 최후의 몸으로 한꺼번에 성불하리니, 이름은 모두가 보상여래(寶相)·응공·정변지·명행족·선서·세간해·무상사·조어장부·천인사·불세존이니라. 보상여래들의 수명은 모두가 1겁이요, 국토들의 장엄과 성문과 보살과 정법과 상법 등도 다 같으니라."

세존께서 게송으로 이르셨다.

앞에 있는	이천 명의	유학 무학	성문에게
장차 오는	세상에서	부처됨을	수기하니
한량없이	많은 부처	공양하고	공경하며
그 부처님	깊은 법을	보호하고	지킨 뒤에
시방세계	곳곳에서	각각 정각(正覺)	이루지만
모두가 다	한꺼번에	한 이름을	갖느니라
한날 한시	도량에서	무상 지혜	깨달은 뒤
보상(寶相)이라	이름하며	국토 장엄	제자 수효

정법상법　기간등도　모두가다　같으니라
이부처들　신통으로　시방중생　제도하여
이름두루　떨친다음　참열반에　드느니라

　그때 유학과 무학 2천 명의 비구는 부처님의 수기 주심을 듣고 뛸듯이 기뻐하며 게송으로 아뢰었다.

밝고환한　등불이신　지혜로운　세존이여
수기주는　그음성을　저희들이　듣게되니
온마음이　환희롭고　즐거움이　가득하며
감로수를　마신듯한　상쾌함을　느낍니다

〈제9 수학무학인기품 끝〉

제10 법사품
第十 法師品

그때 세존께서 약왕보살(藥王菩薩)과 8만 대사(大士)들에게 이르셨다.

"약왕아, 이 대중 가운데 있는 한량없는 천·용·야차·건달바·아수라·가루라·긴나라·마후라가·인비인·비구·비구니·우바새·우바이, 그리고 성문을 구하는 이, 벽지불을 구하는 이, 부처가 되고자 하는 이들이 보이느냐?

이 무리들 중에 부처님 앞에서 묘법연화경(妙法蓮華經)의 가르침 한 게송 한 구절을 듣고, 오로지 일념으로 기뻐하는 이에게는 내 모두 수기를 주어 아뇩다라삼먁삼보리를 얻게 할 것이니라."

부처님께서 또 약왕보살에게 이르셨다.

"어떤 이가 여래가 멸도(滅度)한 뒤에 묘법연화경의 한 구절 한 게송만이라도 듣고 일념으로 기뻐하면 그에게도 장차 아뇩다라삼먁삼보리를 얻는다는 수기를 줄 것이니라.

또 약왕아, 어떤 이가 묘법연화경의 가르침의 한 게송이라도 받아 지녀서 읽고 외우고 사경하고 남에게 설하거나, 이 경을 마치 부처님을 공경하듯이 하여 온갖 꽃과 영락, 가루 향과 바르는 향과 사르는 향, 천개(天蓋)·깃발·의복·기악 등으로 공양하거나 합장하고 공경하면, 약왕아, 이러한 이들은 일찍이 10만억 부처님들께 공양하여 그 부처님들 밑에서 큰 서원(誓願)을 이루었으나, 중생들을 불쌍히 여기는 까닭에 이 인간 세상에 난 이들임을 분명히 알아야 하느니라.

약왕아, 만일 어떤 이가 '어떤 중생이 오는 세상에 성불하게 되는가?' 하고 묻거든, '이런

사람이 성불하게 된다'고 분명하게 대답하여라. 무슨 까닭인가? 선남자 선여인이 법화경을 한 구절이라도 받아 지녀서 읽고 외우고 사경하고 남에게 설하거나, 이 경에 꽃과 영락, 가루향과 바르는 향과 사르는 향, 천개·깃발·의복·기악 등으로 공양하고 합장하고 공경하면, 이러한 이는 일체 세간이 우러러 받들 것이요, 여래에게 공양하듯이 공양을 할 것이기 때문이다.

마땅히 알아라, 이 사람은 아뇩다라삼먁삼보리를 성취한 대보살이지만, 중생들을 어여삐 여기는 까닭에 스스로 인간 세상에 태어나기를 발원하여 묘법연화경을 잘 분별하고 설하는 것이니라. 하물며 이 경 전체를 다 받아 지니고 여러 가지로 공양하는 사람이야 말할 것이 있겠느냐?

약왕아 마땅히 알지니, 이 사람은 중생들을 가엾이 여겨 자신의 청정업보(淸淨業報)를 스스로 버리고

악한 세상에 태어나 법화경을 널리 설하고 있는 것이니라.

만일 선남자 선여인이 내가 멸도한 뒤에 단 한 사람에게라도 법화경의 한 구절을 설해 준다면, 이 사람은 곧 여래께서 보낸 여래의 사자(使者)요 여래의 일을 하는 이라는 것을 분명히 알아야 하느니라. 하물며 대중들 앞에서 이 경을 널리 설하는 이야 더 말할 것이 있겠느냐?

약왕아, 어떤 악인(惡人)이 나쁜 마음으로 1겁(劫)동안이나 부처님 앞에서 늘 부처님을 헐뜯고 욕하여도 오히려 그 죄는 가벼우며, 어떤 이가 단 한 마디 나쁜 말로 재가자든 출가자든 법화경을 읽고 외우는 이를 헐뜯는다면 그 죄는 매우 크고 무겁느니라.

약왕아, 잘 알아라. 법화경을 읽고 외우는 이는 여래의 장엄으로 자신을 장엄하는 이로서 여래의 어깨에 올라가 있는 사람이니, 그가 이르는 곳마다 따라가며 예배를 하면서 일심으로 합장하고 공경하고 공양하고 존중하고 찬탄하되, 꽃과 영락, 가루 향과 바르는 향과 사르는 향, 천개·깃발·의복·음식·기악 등 인간 세상의 가장 뛰어난 공양물로 공양을 해야 하느니라. 또한 천상의 보배를 그 위에 흩뿌리고, 천상의 보배덩이를 바쳐야 하느니라.

왜냐하면 이 사람이 기쁜 마음으로 법을 설할 때, 그 설법을 잠깐이라도 들으면 마침내 아뇩다라삼먁삼보리를 얻게 되기 때문이니라."

세존께서 거듭 게송으로 이르셨다.

불도 속에 머물면서 자연지(自然智)를 이루려면
법화경을 수지한 이 부지런히 공양하라
부처님의 일체종지(一切種智) 속히 얻기 원하거든
법화경을 수지한 이 부지런히 공양하라
만일 어떤 이가 있어 법화경을 수지하면
그가 바로 부처님이 보내주신 사자(使者)이니
중생들을 불쌍하게 생각하는 보살이다

원하는곳 어디든지
청정국토 다 버리고
이 악세(惡世)에 태어나서
널리널리 설하나니

법화경을 수지한이
마음대로 태어나나
불행 속의 중생위해
최상법(最上法)인 법화경을

하늘꽃과 하늘향과 하늘나라 보배옷등
묘한 보물 다 모아서 공양해야 하느니라
내가 멸도 하고난뒤 악한세상 되었을때
법화경을 수지한이 부처님을 공양하듯
마음깊이 정성다해 합장하고 공경하며
여러가지 좋은음식 가지가지 의복으로
그 불자를 공양하며 잠시라도 법 들어라
미래세에 법화경을 수지하고 있는이는
여래의 일 행하도록 내가 보낸 사람이다
일겁이나 되는세월 항상악한 마음품고
부처님을 욕했을때 받는무량 죄업보다
법화경을 수지하여 읽고외는 이를향해
잠시악담 하였다면 그 죄업이 더욱크다
만약 불도(佛道) 구하는이 내 앞에서 합장하고

제10 법사품 · 79

일겁동안　한량없는　게송으로　찬탄하면
그사람이　얻는공덕　한량없이　많겠지만
법화경을　수지한이　잠시라도　찬탄하면
이사람이　얻는복덕　이것보다　더욱크다
팔십억겁　한결같이　가장좋은　물건음성
향기맛과　감촉모아　공양하는　것보다도
법화경을　수지한이　정성다해　공양한뒤
잠시라도　법들으면　더큰이익　얻느니라
약왕이여　그대에게　사실대로　이르노니
내가설한　경전중에　법화경이　으뜸이다

부처님께서 약왕보살에게 이르셨다.

"내가 과거에 이미 설하였고 지금도 설하고 앞으로도 설할 경전이 무량천만억이나 되지만, 그 모든 경전 중에 법화경이 가장 믿기 어렵고 이해하기 어려우니라.

약왕아, 이 경전은 제불의 비밀 법장〔諸佛秘要之藏〕이니, 함부로 사람들에게 퍼뜨리지 말

라. 모든 부처님께서 수호하는 경전으로, 예로부터 아직껏 드러내어 놓고 설한 적이 없었느니라. 여래가 현존해 있을 때에도 이 경전에 대해 원망하고 미워하는 이가 많거늘, 여래가 멸도한 다음에야 어떠하겠느냐?

약왕아, 여래가 멸도한 뒤에, 이 경을 사경하고 독송하고 공양하고 남을 위해 설하는 이는 여래의 옷을 입고 있는 것과 같나니, 다른 국토에 계시는 여러 부처님들도 보호하고 지켜주느니라. 이 사람에게는 대신력(大信力)과 지원력(志願力)과 선근력(善根力)이 있나니, 마땅히 알아라. 그는 여래와 함께 지내는 이요, 여래가 손으로 머리를 쓰다듬어 주는 이이니라.

약왕아, 어디에서든지 이 경을 설하거나 읽거나 외우거나 쓰거나, 이 경전이 있는 곳에는 지극히 높고 큰 칠보탑을 세워 아름답게 꾸밀 것이요, 오히려 사리는 봉안하지 않아도 되느니라. 왜냐하면 이 경전 속에 이미 여래의 전신(全身)

이 계시기 때문이니라.

그러므로 이 탑을 꽃과 향과 영락·천개·깃발·기악·노래 등으로 공양하고 공경하고 존중하고 찬탄해야 하나니, 만일 어떤 이가 이 탑에 예배하고 공양하면, 그가 아뇩다라삼먁삼보리에 가까이 있다는 것을 알아야 하느니라.

약왕아, 재가인이든 출가인이든 보살도를 행하는 사람들로서 이 법화경을 보고 듣고 독송하고 사경하여 지니고 공양하지 않는다면 그는 보살도를 잘 행하지 못하는 이요, 이 경전을 얻어 듣고 능히 실천하여야 보살도를 잘 행하는 이라고 할 수 있느니라.

불도를 구하는 중생 가운데 법화경을 보고 들은 뒤에 믿고 이해하고 수지하는 이가 있으면, 마땅히 알아라. 그는 아뇩다라삼먁삼보리에 가까이 다가서 있느니라.

약왕아, 비유컨대 어떤 목마른 사람이 물을

구하기 위해 높은 언덕에서 우물을 판다고 하자. 이때 마른 흙이 보이면 아직 물길이 멀리 있음을 알고 공을 들여 계속해서 팔 것이다. 그러다가 차츰 젖은 진흙이 많아짐을 보게 되면 드디어 물이 가까이에 있음을 알게 되느니라.

보살 또한 이와 같아서, 만약 보살로서 이 법화경을 듣지도 못하고 이해하지도 못하고 닦아 익히지도 못한다면, 그는 아직 아뇩다라삼먁삼보리에서 멀리 있다는 것을 알아야 하고, 만일 법화경을 듣고 이해하고 깊이 생각하고 닦아 익힌다면, 그는 아뇩다라삼먁삼보리에 가까이 있느니라. 왜냐하면 일체 보살의 아뇩다라삼먁삼보리는 모두 이 경전에 속하여 있기 때문이니라.

이 경전은 방편문(方便門)을 열고〔開〕 모든 법의 진실상(實相)을 보여주나니〔示〕, 법화경장(法華經藏)은 깊고 견고하고 심오하여 능히 도달하는 이가 드물지만, 지금 부처님께서 보살들을 교화하여 성취시키기 위해 열어 보이는 것〔開示〕이니라.

약왕아, 만일 어떤 보살이 이 법화경을 듣고는 놀라고 의심하고 두려워한다면, 마땅히 알아라. 그는 증상만(增上慢)을 품은 오만한 자이니라.

약왕아, 만일 선남자 선여인이 여래가 멸도한 뒤에 사부대중을 위해 이 법화경을 설하고자 하면, 마땅히 어떻게 해야 하겠느냐?

이 선남자 선여인은 여래의 방에 들어가〔入如來室〕 여래의 옷을 입고〔著如來衣〕 여래의 자리에 앉아〔坐如來座〕 사부대중에게 이 경전을 널리 설해야 하나니, 여래의 방은 일체 중생에 대한 대자비심(大慈悲心)이요, 여래의 옷은 부드럽고 온화하고 인욕하는 마음인 유화인욕심(柔和忍辱心)이며, 여래의 자리는 모든 것이 공한 일체법공(一切法空)이니라. 그러므로 이 가운데 편안히 머문 다음에 게으르지 않은 마음으로 모든 보살과 사부대중을 위해 법화경을 널리 설해야 하느니라.

약왕아, 그리하면 내 어느 국토에 있을지라도, 설법자를 위해 신통력으로 만든 사람을 보내어서 설법 들을 이들을 모으게 할 것이요, 신통력으로 만든 비구·비구니·우바새·우바이들을 보내어서 그 설법을 듣게 하리니, 그러면 그들은 그 설법을 듣고 믿고 순종하고 따를 뿐 거역하지 않느니라.

또 만일 설법자가 한적한 수행처에 있으면 천·용·귀신·건달바·아수라 등을 보내어 설법을 듣게 할 것이요, 내가 비록 다른 국토에 있을지라도 설법자로 하여금 때때로 내 몸을 보게 할 것이며, 만일 그가 이 경의 한 구절이라도 잊게 되면 내 즉시 그에게 설하여 분명히 알게 할 것이니라."

세존께서 거듭 게송으로 이르셨다.

나쁜마음 남김없이 버리고자 할진대는
모름지기 법화경의 가르침을 들을지니

이경전은 듣고믿고 수지하기 어렵지만
비유컨대 목마른이 언덕에서 우물팔때
마른흙이 나올지면 물이아직 먼줄알고
젖은흙이 나타나면 물가까움 알수있다
약왕이여 알지어다 많고많은 모든사람
법화경을 못듣는이 부처지혜 아주멀고
법화경을 듣게되면 성문법(聲聞法)을 끝마치며
으뜸가는 이경전을 듣고생각 하는이는
불지혜(佛智慧)에 가까웠음 분명하게 알지어다
법화경을 설하려면 여래방에 들어가서
여래옷을 착용하고 여래자리 높이앉아
대중에게 걸림없이 자세하게 설할지니
대자비(大慈悲)로 방을삼고 유화인욕(柔和忍辱) 옷을삼고
법의공함(法空) 자리삼아 법화경을 설법하라
이경전을 설할때에 누가와서 욕하거나
칼과막대 돌등으로 찌르거나 던지어도
부처님을 생각하며 능히참고 또참아라
한량없이 많고많은 천만억의 국토마다

청정하고 아주강한 나의몸을 나타내어
오랜억겁 중생위해 법화경을 설했노라
만일내가 멸도한뒤 누가이경 설한다면
비구들과 비구니와 우바새와 우바이를
내가모두 보내어서 그법사를 공양하고
많은중생 인도하여 법듣도록 할것이다
만일어떤 사람있어 악한마음 가지고서
칼과막대 기와돌로 해치면서 욕을하면
신통으로 만든사람 보내어서 지켜주고
또한만일 그법사가 사람소리 안들리는
적막한곳 혼자살며 법화경을 독송하면
나는이때 청정하고 빛나는몸 나타내어
한구절만 잊게되도 즉시설해 알게한다
덕을갖춘 어떤이가 대중위해 설법하고
한적한곳 거주하며 법화경을 독송하면
그모든이 나의몸을 볼수있게 되느니라
또법사가 한적한곳 머물면서 설법하면
천용야차 귀신보내 법문듣게 하느니라

부처님의 옹호속에 그법사가 유창하고
걸림없이 법설하니 대중모두 기뻐한다
이법사와 함께하면 보살도를 빨리얻고
법사따라 잘배우면 제불친견 하느니라

〈제10 법사품 끝〉

제11 견보탑품
第十一 見寶塔品

그때 부처님 앞에 높이 5백 유순(由旬)이요 둘레 250유순이나 되는 칠보탑이 땅에서 솟아올라와 공중에 머물렀다.

그 칠보탑은 갖가지 보물로 장식되어 있었으니, 5천의 난간과 천만 개의 감실(龕室)이 있고, 무수한 깃발과 보배 영락이 드리워져 있으며, 수만 억의 보배 방울이 달려 있었다. 또 사면에서는 다마라발전단향의 향기가 풍겨 나와 온 세계를 가득 메웠으며, 금·은·유리·자거·마노·진주·매괴 등의 칠보로 만든 탑 위의 천개(天蓋)는 우뚝 솟아 사천왕천의 궁전에까지 이르렀다.

삼십삼천(三十三天)에서는 천상의 만다라꽃을 비 내리듯이 뿌려 보탑에 공양하였고, 천·용·야차·건달바·아수라·가루라·긴나라·마후라가·인비인(人非人)들은 갖가지 꽃과 향과 영락과 천개와 음악 등으로 보탑에 공양하면서 공경하고 존중하고 찬탄하였다.

그때 칠보탑 속에서 찬탄하는 큰 음성이 울려나왔다.

"착하고 훌륭하도다. 석가모니 세존이여. 평등한 대지혜요〔平等大慧〕 보살을 가르치는 법이요〔敎菩薩法〕 부처님들이 보호하고 살피는〔佛所護念〕 묘법연화경을 대중을 위해 설했나니, 석가 세존의 설하신 바는 모두가 진실되도다."

그때 사부대중은 큰 보탑이 공중에 머물러 있음을 보고 탑 속에서 들려오는 음성을 듣고는, 모두가 법의 환희로움을 얻고 매우 드문 일이라 생각하여, 자리에서 일어나 합장하고 한쪽으로 물러나 있었다.

그때 대요설보살(大樂說菩薩)은 일체 세간의 천인과 인간과 아수라 등의 마음속 의심을 알고 부처님께 여쭈었다.

"세존이시여, 무슨 까닭으로 보탑이 땅에서 솟아올랐으며, 그 속에 큰 음성이 울려 나온 것입니까?"

부처님께서 대요설보살에게 이르셨다.

"이 보탑 속에는 여래의 전신(全身)이 계시느니라. 아득한 옛날, 동쪽으로 한량없는 천만억의 세계를 지나면 보정(寶淨)이라는 나라가 있었고, 그 나라에 다보(多寶)라는 부처님이 계시나니, 그 부처님은 보살도를 행할 때 큰 서원을 세웠느니라.

'내가 만일 성불하고 멸도한 뒤에, 시방 국토 어디서든 법화경을 설하는 곳이 있으면, 나의 탑이 그 앞에 솟아올라 법화경의 가르침을 듣고, 그 설법을 증명하면서 훌륭하다고 찬탄하리라.'

그 부처님은 성불한 뒤 멸도를 할 때가 다

가오자, 천인과 인간과 비구들에게 이렇게 이르셨느니라.

'내가 멸도를 한 뒤 나의 전신에 공양을 하고자 하면 마땅히 하나의 큰 탑을 세워야 하느니라.'

다보여래는 시방세계 어디서든 법화경을 설하는 곳이 있으면 신통력과 원력으로 그 앞에 보탑을 솟아나게 하고, 탑 안에 계시면서 훌륭하다고 찬탄을 하시느니라.

대요설아, 여기 이 다보여래탑은 법화경을 듣기 위해 땅에서 솟아오른 것이며, 지금 '훌륭하다'는 찬탄을 하고 계심이니라."

이때 여래의 신력을 입은 대요설보살이 부처님께 아뢰었다.

"세존이시여, 원하옵건대 저희로 하여금 다보여래의 모습을 친견할 수 있게 하여 주옵소서."

부처님께서 대요설보살에게 이르셨다.

"이 다보여래께는 깊고도 중대한 원이 있느니라.

'법화경을 듣기 위해 내 보탑을 제불 앞에 나타내었을 때 나의 몸을 사부대중에게 보이고자 한다면, 시방세계에서 설법하고 있는 그 부처님의 분신불(分身佛)들을 모두 한 자리에 모이게 한 다음에야 나의 몸을 나타내어 보이리라.'

대요설아, 내 이제 시방세계에서 설법을 하고 있는 나의 분신불들을 모두 모을 것이다."

대요설보살이 부처님께 아뢰었다.

"세존이시여, 저희들 또한 세존의 분신불들을 친견하여 예배하고 공양하기를 원하옵니다."

이에 부처님께서 미간의 백호(白毫)로부터 한줄기 광명을 발하시자, 곧 5백만억 나유타(那由他) 항하사만큼 많은 동방의 국토들에 있는 부처님들이 보였다. 그 국토들의 땅은 모두 파리(玻璃)로 이루어져 있었고, 보배 나무와 보배 옷으로 장엄되어 있었으며, 천만억의 무수한 보살들이 그 안에 가득하고, 보배 휘장과 보배 그물이 둘러쳐져 있었다. 또 그 국토의 부처님들은 크고 묘한 음성으로 법을 설하셨고, 한량없이 많은 천만억 보살들이 국토마다 가득 차 중생들을 위해 설법을 하고 있는 것이 보였다.

남쪽·서쪽·북쪽과 사유(四維)와 상·하 등, 부처님의 백호 광명이 비치는 곳의 모습은 모두 이와 같았다.

그때 시방의 분신불들이 여러 보살들에게 각기 이르셨다.

"선남자들아, 내 이제 저 사바세계의 석가모니불이 계신 곳으로 가서 함께 다보여래의 보탑에 공양할 것이다."

그러자 사바세계가 곧 청정하게 변하였다. 땅은 유리로 되고, 보배나무가 즐비하게 들어섰으며, 여덟 갈래로 뚫린 길은 황금줄로 장식되어 있었다. 또 촌이나 도성의 모든 집이 없어졌고 바다·강·시내·산·숲도 없어졌다. 큰 보배향이 타오르고 만다라꽃이 땅을 덮었으며, 그 위로 보배 그물과 장막이 둘러쳐져 있고 갖가지 보배 방울이 매달려 있었다.

또 이 법회에 참석하는 대중을 제외한 나머지 중생들은 모두 다른 국토로 옮겨졌다.

이때 모든 분신불이 각기 대보살 한 명을 시자(侍者)로 삼아 사바세계의 보배나무 아래로 오셨다. 높이 5백 유순이나 되는 보배나무에는 가지와 잎과 꽃과 과일이 차례차례 달려 있었고, 그 나무들 아래에는 큰 보석으로 장식된 높이 5유순의 사자좌(獅子座)가 마련되어 있었다.

사바세계로 오신 분신불들이 각기 그 자리에 결가부좌(結跏趺坐)하여 차례로 앉게 되자 삼천대천세계(三千大千世界)가 가득 찼다. 그러나 한쪽 방향에서 온 석가모니 분신불조차도 다 앉지 못하셨다.

이에 석가모니불은 모든 분신불들을 다 앉게 하고자 팔방의 2백만억 나유타 국토를 청정하게 만들었는데, 지옥·아귀·축생과 아수라가 없어졌고, 천인과 인간들은 다른 국토로 옮겨졌다.

신통력으로 만든 이 국토들 또한 유리로 되어 있었고, 그 위에는 보배 나무가 즐비하였다. 높이 5백 유순이나 되는 보배 나무들에는 가지와 잎과 꽃과 열매가 차례로 달려 있었고, 그 나무들 아래에는 보석들로 장식된 높이 5유순의 사자좌가 마련되어 있었다. 또 바다와 강과 목진린타산·마하목진린타산·철위산(鐵圍山)·대철위산(大鐵圍山)·수미산(須彌山) 등과 같은 큰 산이 없는, 하나의 불국토(一佛國土)〔일불국토〕가 이루어졌다. 그 땅은 평평하고 반듯하였는데, 위로는 보배로 짠 휘장이 덮여 있고 갖가지 깃발이 달려 있었다. 또 큰 보배향이 타오르고 여러 하늘의 귀한 꽃들이 땅을 두루 덮고 있었다.

석가모니불은 모든 분신불이 다 와서 앉을 수 있게 하고자, 또 다시 팔방의 2백만억 나유타 국토를 바꾸어 청정하게 만들었는데, 그곳에도 지옥·아귀·축생과 아수라는 없었고, 천인들과 인간들은 다른 국토로 옮겨졌다.

신통력으로 만들어진 그 국토들 또한 유리로 되어 있었고, 그 위에는 보배 나무가 즐비하였다. 높이 5백 유순이나 되는 보배 나무에는 가지와 잎과 꽃과 열매가 차례로 달려 있었고, 그 나무들 아래에는 갖가지 보석으로 장식된 높이 5유순의 사자좌가 마련되어 있었다. 또 바다와 강과 목진린타산·마하목진린타산·철위산·대철위산·수미산 등의 큰 산들이 없는 하나의 불국토가 이루어졌다. 그 땅은 평평하고 반듯하였는데, 그 위로는 보배로 짠 휘장이 덮여 있고 갖가지 깃발이 달려 있었다. 또 큰 보배향이 타오르고, 여러 하늘의 귀한 꽃들이 땅을 두루 덮고 있었다.

그때 동방의 백천만억 나유타의 항하사만큼 많은 국토에 있던 석가모니 분신불들이 이곳으로 모였으며, 이와 같이 차례로 시방의 모든 분신불들이 다 오시어 팔방에 앉으셨다. 마침내 각 방위마다 4백만억 나유타 국토의 부처님들로 가득 채워졌다.

각기 보배 나무 아래 사자좌에 앉으신 분신불들은 석가모니불께 문안을 여쭙고자 데리고 온 시자의 두 손에 보배 꽃을 가득 안겨 주시며 이르셨다.

"선남자야, 기사굴산의 석가모니불이 계신 곳으로 가서 이렇게 여쭈어라.

'병환 없고 걱정 없고 기력이 안락하시옵니까? 보살과 성문들도 다 안온하옵니까?'

그리고는 이 보배 꽃을 뿌려 부처님께 공양한 뒤 다시 이렇게 아뢰어라.

'저 아무 부처님은 이 보배탑이 열리기를 바라고 있나이다.'"

모든 부처님들은 시자를 보내어 이와 같이 하였다.

그때 석가모니불은 모든 분신불들이 다 모여 각기 사자좌에 앉아 계신 것을 보시고, 보탑을 열기를 바란다는 부처님들의 말씀을 들은 다음, 곧바로 자리에서 일어나 허공에 머무셨으며, 모든 사부대중은 자리에서 일어나 합장하고 일심으로 부처님을 우러러 보았다.

석가모니불께서 오른손으로 칠보탑의 문을 열자, 마치 굳게 잠겨 있던 성문의 빗장이 벗겨지는 것과 같은 큰 소리가 났다.

그 순간 법회에 참여한 모든 대중은 보탑 속의 사자좌 위에서 선정(禪定)에 드신 듯이 고요히 앉아계신 다보여래를 보게 되었다.

또 "훌륭하고 거룩합니다. 석가모니불이 법화경을 잘 설하시기에 이 경을 듣고자 이곳에 왔습니다." 하는 말씀도 듣게 되었다.

과거 무량 천만억 겁 전에 멸도하신 부처님께서 이와 같이 말씀하시는 것을 본 사부대중은 일찍이 없었던 일이라 감탄하면서, 하늘의 보배꽃더미를 다보불과 석가모니불 위에 뿌렸다.

그때 다보불께서는 보탑안 당신의 자리 반을 석가모니불께 내어주며 이르셨다.

"석가모니불이여, 이 자리에 앉으십시오."

이에 세존께서는 곧 탑 속으로 들어가 그 자리에 결가부좌를 하고 앉으셨다.

대중들은 두 여래께서 칠보탑 안의 사자좌에 결가부좌로 앉아 계신 것을 보고 저마다 생각하였다.

'두 부처님의 자리는 너무나 높고 멀구나. 원컨대 여래께서는 신통력으로 저희도 허공에 머물 수 있게 하여주소서.'

이에 석가모니불이 신통력으로 대중들 모두를 허공에 머물 수 있게 하셨다. 그리고는 큰 음성으로 사부대중에게 이르셨다.

"누가 있어 이 사바세계에서 묘법연화경을 널리 잘 설할 수 있겠는가? 지금이 바로 그때

이니라. 나는 머지않아 열반에 들 것이기에 이 묘법연화경을 부촉(付囑)하려 하노라."

세존께서는 이 뜻을 거듭 밝히고자 게송으로 이르셨다.

성주(聖主)이신 다보불은 멸도(滅度)한지 오래지만
보탑 속에 계시면서 법을 위해 오셨거늘
어찌하여 부지런히 법을 아니 구하는가
이 부처님 멸도한지 무수겁을 지났지만
모든 곳은 찾아가서 항상 법문 듣는 뜻은
법화경의 설법처를 찾기 힘든 까닭이요
'열반에 든 뒤에라도 법화경을 설법하면
꼭 찾아가 들으리라' 서원했기 때문이다
또한 나의 분신으로 항하 모래 만큼 많은
한량없는 부처님은 여기 와서 법도 듣고
오래 전에 열반하신 다보여래 뵙기 위해
아주 좋은 그 국토와 일체 모든 제자들과
천인 인간 용과 신의 온갖 공양 다 버리고

불법길이　남게하려　이곳으로　왔느니라
그분신불　앉게하려　나는신통　나타내어
무량중생　옮긴다음　청정국토　만들었다
연못들을　맑고맑은　연꽃으로　장엄하듯
보배나무　아래마다　부처님들　이르러서
사자좌에　앉으시어　광명으로　장엄하니
어둔밤에　타오르는　횃불처럼　환히밝고
몸에서난　묘한향기　시방세계　가득하며
향기맡은　모든이들　환희로움　넘치나니
큰바람이　작은가지　뒤흔들듯　함과같은
크고좋은　방편으로　불법오래　남게한다
대중에게　이르노니　내가멸도　하고나서
누가이경　호지(護持)하고　독송하고　설할건가
지금이곳　불전(佛前)에서　스스로들　맹세하라
여기계신　다보불은　멸도한지　오래이나
큰서원을　세웠기에　사자후를　하셨도다
다보불과　나는물론　여기모인　분신불은
하나같이　그깊은뜻　모두알고　있느니라

불자들 중 누가있어 이경능히 지킬건가
큰서원을 당장발해 길이길이 간직하라
누구든지 법화경을 능히지켜 보호하면
나를향해 공양함이 되는것은 물론이요
법화경을 위하기에 보탑속에 계시면서
시방세계 다니시는 다보불도 공양하고
시방모든 세계들을 광명으로 장엄하는
여기오신 분신불도 공양함이 되느니라
또한이경 설하는이 나를보게 될것이요
다보불과 분신불도 친견하게 되느니라
선남자여 큰서원은 일으키기 어렵나니
신중하게 생각하고 거듭생각 할지어다
항하모래 만큼많은 다른경전 다설함도
이경하나 설함보다 어렵다고 할수없고
수미산을 들어다가 수도없는 여러곳의
불국토를 옮기는것 어렵다고 할수없다
발가락을 놀리어서 대천세계 들어다가
먼국토에 던지는일 어렵다고 할수없고

가장높은　하늘올라　한량없는　다른경전
중생위해　설법해도　어려운일　아니지만
부처님이　멸도한뒤　미래악한　세상에서
법화경을　설하는것　실로가장　어렵도다
만일어떤　사람있어　맨손으로　허공잡고
자유롭게　노닐어도　어려운일　못되지만
내멸도후　법화경을　그가직접　사경하고
남들에게　쓰게함은　그지없이　어렵도다
어떤사람　큰땅덩이　발톱위에　올려놓고
범천까지　올라가도　어려운일　아니지만
부처님이　멸도한뒤　악한세상　태어나서
이경잠깐　읽는것은　실로매우　어렵도다
건초더미　짊어지고　겁화(劫火)속에　뛰어들어
몸과풀이　안타는것　어려운일　못되지만
내가열반　보인뒤에　법화경을　가지고서
단한사람　가르치기　훨씬힘든　일이로다
팔만사천　법문들과　십이부(十二部)의　경전들을
남김없이　받아지녀　두루널리　설법하고

이를 듣는 중생모두 육신통을 다얻도록
교화하고 인도함은 어려운일 아니지만
내멸도후 어떤이가 법화경을 받아지녀
깊은이치 묻는다면 이게훨씬 어렵도다
어떤이가 설법하여 항하모래 만큼많은
천만억의 무량중생 아라한이 되게하고
육신통을 얻게함은 어려운일 아니지만
내멸도후 어떤이가 법화경을 능히받아
잘받들고 지닌다면 이는실로 어렵도다
나는불도(佛道) 위하기에 한량없는 국토에서
처음부터 지금까지 많은경전 설했으나
그가운데 법화경이 참되고도 제일이니
능히받아 지닌다면 부처님몸 지님일세
선남자여 내멸도후 법화경을 수지하여
읽고쓰고 외우고자 하는이가 있을지면
지금바로 내앞에서 분명하게 맹세하라
이경갖기 어렵나니 잠시라도 수지하면
내가몹시 기뻐하고 제불들도 기뻐한다

제11 견보탑품 · 105

이사람은 제불들이 틀림없이 칭찬하니
이것이곧 용맹이요 이것이곧 정진이며
이이름이 지계이고 두타행을 닦음이니
가장높은 무상불(無上佛)을 더욱빨리 이루노라
미래오는 세상에서 법화경을 수지하면
이사람은 참불자로 좋은땅에 머무르고
부처님이 멸도한뒤 법화경뜻 이해하면
모든천인 인간들의 세간안(世間眼)이 될것이니
공포많은 세상에서 잠깐동안 설하여라
일체천인 인간들이 모두와서 공양한다

〈제11 견보탑품 끝〉

제12 제바달다품
第十二 提婆達多品

그때 부처님께서 모든 보살과 천인과 인간과 사부대중에게 이르셨다.

"나는 과거 한량없는 겁 동안 법화경을 구함에 있어 조금도 싫증을 냄이 없었느니라. 많은 겁 동안 국왕으로 있었을 때에도 위없는 깨달음을 구하겠다는 서원을 세워 물러난 적이 없었으며, 육바라밀(六波羅蜜)을 성취하기 위해 부지런히 보시를 행하였느니라. 그때 코끼리·말·칠보·왕국·궁성·처자·노비·종 등은 물론이요, 머리·눈·골수·몸·손·발, 심지어는 목숨까지도 아까워하는 마음없이 보시하였느니라.

당시 사람들의 수명은 매우 길어 한량이 없

었는데, 왕은 법을 구하기 위해 왕위를 태자에게 물려주고, 북을 크게 치며 사방에 영을 내렸느니라.

'누구든 나에게 대승법(大乘法)을 설해 주면, 그를 평생 동안 받들어 모시며 시중을 들리라.'

그때 한 선인(仙人)이 와서 왕에게 말했느니라.

'나에게 대승법이 있으니 이름이 묘법연화경입니다. 만일 내 뜻을 거스르지 않고 섬긴다면 설하여 주리다.'

왕은 선인의 말을 듣고 뛸 듯이 기뻐하며 그를 따라가서, 받들어 모시면서 필요한 것을 공급해 주었느니라. 과일을 따고, 물을 긷고, 땔감을 준비하여 밥을 짓고, 심지어는 몸으로 앉는 의자를 대신하면서도 조금도 싫어하지 않았느니라. 이렇게 섬기기를 1천 년 동안 하였으나, 법을 구하였던 까닭에 부지런히 모시고 부족함이 없게 하였느니라."

세존께서 거듭 게송으로 이르셨다.

내 과거겁 생각하니
비록 국왕 되었지만
북을 치며 사방으로
'그 누구든 나를 위해
평생 동안 종이 되어
바로 그때 아사선인(阿私)
'내가 지닌 미묘한 법
만일 이 법 닦겠다면
선인의 말 들은 왕은
그 선인을 따라가서
나물 캐고 나무하고
어느 시간 할 것 없이
미묘법에 뜻을 두니
모든 중생 위하여서
내 한 몸의 오욕락을
큰 나라 왕 되어서도
성불하여 너희 위해

대승법을 구하고자
오욕락을(五欲樂) 탐착 않고
구법의 뜻(求法) 전했노라
대승법을 설해 주면
지성 다해 섬기리라'
왕에게 와 말했노라
세간에는 다시 없다
그대 위해 설하리라'
그지없이 기뻐하며
필요한 것 공급하되
과일 따고 밥 지으며
부지런히 섬겼어도
몸과 마음 편했도다
대승법을 구함일 뿐
위한 것이 아니기에
법을 널리 구하였고
설법하게 되었도다

부처님께서 비구들에게 이르셨다.

"그때의 왕은 지금의 나요, 그때의 선인은 지금의 제바달다(提婆達多)이니라. 제바달다라는 선지식(善知識)이 있었기에, 나는 육바라밀과 자비희사(慈悲喜捨), 삼십이상(三十二相)과 팔십종호(八十種好)를 갖춘 자금색(紫金色)의 몸, 십력(十力)·사무소외(四無所畏)·사섭법(四攝法)·십팔불공법(十八不共法)·신통력·도력(道力) 등을 갖추게 되었고, 위없는 바른 깨달음을 이루어서 중생들을 널리 제도할 수 있었나니, 이 모두가 제바달다라는 선지식으로 인해 가능할 수 있었느니라.

사부대중에게 이르노라. 제바달다는 미래세의 한량없는 겁을 지난 뒤에 반드시 성불하리니, 이름은 천왕여래(天王)·응공·정변지·명행족·선서·세간해·무상사·조어장부·천인사·불세존이요, 그 세계의 이름은 천도(天道)라고 할 것이니라. 이 천왕불은 20중겁 동안 세상에 머물면서 중생들에게 널리 미묘한 법을 설하리니, 그때 항하사만큼 많은 중생이 아라한과(阿羅漢果)를 얻게 되며, 한량없는 중생이 연각심(緣覺心)을 발하고 무생법인(無生法忍)을 얻어 불퇴전의 경지에 이르게 되느니라.

천왕불이 열반에 든 뒤에 정법(正法)은 20중겁(中劫)동안 세상에 머무르고, 사람들은 전신사리(全身舍利)로 높이 60유순에 둘레 40유순이 되는 칠보탑을 세우게 되느니라. 그때 모든 천인과 인간이 모여들어 갖가지 꽃과 가루 향과 사르는 향과 바르는 향, 옷·영락·깃발·천개·기악·노래 등으로 칠보탑에 공양하고 예배하여, 한량없는 중생이 아라한과를 얻거나 벽지불이 되며, 불가사의할 정도로 많은 중생들이 보리심을 발하여 불퇴전의 경지에 이르게 되느니라."

부처님께서 비구들에게 이르셨다.

"미래세의 선남자 선여인이 묘법연화경의 제바달다품을 듣고 깨끗한 마음으로 믿고 공경하여 의혹을 품지 않게 되면, 지옥·아귀·축생에 떨어지지 않음은 물론이요, 시방의 부처님 처소에 나되 태어나는 곳마다 늘 이 법화경을 듣게 되느니라. 또 인간 세상이나 천상에 나면 훌륭하고 묘한 즐거움을 얻게 되며, 부처님 앞에 나면 연꽃 위에 홀연히 태어나는 연화화생(蓮華化生)을 하게 되느니라."

그때 하방세계에서 다보여래를 따라 온 지적(智積)이라는 보살이 있었다. 그가 다보불께 인사하고 본국으로 돌아가려 하자, 석가모니불께서 지적보살에게 이르셨다.

"선남자야, 잠깐 기다려라. 여기에 문수사리(文殊師利)라는 보살이 있으니, 만나서 묘법(妙法)을 논한 다음에 본국으로 돌아가거라."

그때 문수사리보살은 큰 수레바퀴만한 1천 잎의 연꽃 위에 앉아 있었고, 동행한 보살들 또한 보배 연꽃 위에 앉아 있었다. 그들은 큰 바다 속의 사갈라용궁(娑竭羅龍宮)으로부터 솟아올라, 허공에 뜬 채 영축산(靈鷲山)으로 와서 연꽃에서 내렸다. 그리고 두 분 부처님 앞에 이르러, 발에 머리를 대고 공손히 예배드린 다음, 지적보살에게

가서 서로 인사하고 한쪽으로 물러나 앉았다.

지적보살이 문수사리보살에게 여쭈었다.

"인자(仁者)시여, 용궁에 가서 교화한 중생의 수가 얼마나 됩니까?"

문수사리보살이 답하였다.

"그 수가 무량하여 다 말할 수 없고, 마음으로도 다 헤아릴 수가 없습니다. 잠시만 기다리십시오. 저절로 알게 될 것입니다."

이 말이 채 끝나기도 전에 보배 연꽃 위에 앉은 무수히 많은 보살들이 바다로부터 솟아올라 영축산으로 와서 허공에 머물렀는데, 이 모든 보살은 문수사리보살이 교화하고 제도한 이들이었다. 그들 중 이전에 보살행을 닦은 이들은 육바라밀을 설하였고, 이전에 성문이었던 보살은 허공에서 성문의 수행법에 대해 설하였는데, 지금 모두가 대승(大乘)과 공(空)의 이치를 잘 알고 수행하는 이들이었다.

문수사리보살이 지적보살에게 말하였다.

"내가 바다에서 교화한 것이 이와 같습니다."

지적보살이 게송으로 찬탄하였다.

큰지혜와　큰위덕과　위대하신　용맹으로
무량중생　교화함을　대중에게　보이시며
실상(實相)의 뜻　설하시고　일승법을　열어보여
널리중생　제도하고　보리(菩提)얻게　하십니다

문수사리보살이 말하였다.
"나는 바다 속에서 오직 묘법연화경만을 설했습니다."
지적보살이 문수사리보살에게 여쭈었다.
"이 경은 매우 깊고 미묘하여 모든 경들 가운데 보배요, 세상에서 보기가 매우 어렵습니다. 만일 중생이 이 경에 의지해서 부지런히 정진하고 닦는다면 속히 성불할 수 있겠습니까?"

"있습니다. 사갈라 용왕의 딸은 이제 겨우 여덟 살인데, 지혜롭고 영리하여 중생들의 근기와 행(行)과 업(業)을 잘 알고 있습니다. 또 다라니(陀羅尼)를 얻어서 부처님들께서 설하신 깊고 비밀스러운 가르침〔秘藏(비장)〕을 다 받아 지녔으며, 깊은 선정에 들어 모든 법을 다 요달하였고, 찰나 사이에 보리심을 일으켜 불퇴전에 이르렀습니다. 말솜씨가 걸림이 없고, 중생을 사랑하기를 마치 어린자식 생각하듯 합니다. 또 공덕이 다 갖추어져 마음으로 생각하고 입으로 설하는 바가 미묘하고 광대하고, 자비롭고 어질고 겸손하며, 뜻이 온화하고 고상하여 능히 바른 깨달음에 이를 수 있었습니다."

이에 지적보살이 말하였다.

"제가 알기로, 석가여래께서는 한량없는 겁 동안 힘들고 괴로운 수행〔難行苦行(난행고행)〕을 하여 공을 쌓고 덕을 쌓았으며, 보리도(菩提道)를 구하기를 잠시도 쉬지 않았습니다. 삼천대천세계를 살펴

보면 석가 보살이 중생을 위해 몸과 목숨을 버리지 않은 곳이라고는 겨자씨만큼도 찾아볼 수 없습니다. 이렇게 하신 뒤에야 보리도를 성취하셨는데, 용녀가 잠깐 동안에 정각(正覺)을 이루었다고 하시니 믿지 못하겠습니다."

이 말이 채 끝나기도 전에 용왕의 딸이 홀연히 그 자리에 나타나 머리 숙여 예배하고, 한쪽으로 물러나 게송으로 찬탄하였다.

죄와 복을　통달하고　시방(十方) 두루　비추시고
미묘하온　청정법신　삼십이상　갖췄으며
팔십가지　모습으로　그 법신을　장엄하니
천인 인간　다 받들고　용과 신이　공경하며
일체세간　중생 모두　한결같은　마음으로
거룩하고　높은 분을　정성다해　받드나니
깨달음을　이루는 일　부처님만　아십니다
저도 이제　대승법을　이 세상에　널리 펴서
괴로움 속　빠진 중생　남김없이　건지리다

그때 사리불(舍利弗)이 용녀에게 이르셨다.

"네가 오래지 않아 위없는 도(無上道)를 얻는다 하나, 아무래도 그 말을 믿기가 어렵구나. 왜냐하면 여인의 몸은 더러워 법기(法器)가 될 수 없기 때문이다. 그런데 어떻게 무상보리를 얻을 것인가? 게다가 부처님 되는 길은 멀고도 아득해서, 무량겁 동안 부지런히 고행을 하면서 갖가지 바라밀행(波羅蜜行)을 갖추어 닦은 연후에야 비로소 이룰 수 있는 것이다.

또 여인의 몸으로는 다섯 가지 장애(五障)가 있으니, 첫째는 범천왕(梵天王)이 되지 못하고, 둘째는 제석천(帝釋天)이, 셋째는 마왕(魔王), 넷째는 전륜성왕(轉輪聖王), 다섯째는 불신(佛身)을 이룰 수가 없다. 그러니 어찌 여인의 몸으로 속히 성불할 수 있겠는가?"

그때 용녀는 한 개의 보배구슬을 가지고 있었는데, 그 가치가 삼천대천세계만 하였다. 그것을 부처님께 바치자 부처님께서는 바로 받으셨다. 그러자 용녀가 지적보살과 사리불존

자에게 여쭈었다.

"제가 보배구슬을 바치자 부처님께서는 곧바로 받으셨나이다. 어떻습니까? 지금 이 일은 잠깐 사이에 일어난 일입니까?"

"그렇다. 아주 잠깐 사이로다."

"제가 신통력으로 성불하는 것을 보십시오. 이보다 더 빠를 것입니다."

그 자리에 있던 대중들이 용녀를 보니, 잠깐 사이에 홀연히 남자로 변하여 보살행을 갖춘 다음, 남쪽의 무구세계(無垢世界)로 가서 보배 연꽃 위에 앉아 등정각(等正覺)을 이루고는, 삼십이상과 팔십종호를 갖추고 시방의 모든 중생들을 위해 널리 묘한 법을 설하는 것이었다.

이에 사바세계의 보살과 성문과 천룡팔부신(天龍八部神)과 인비인(人非人) 등은, 용녀가 성불하여 그 자리에 함께한 천인과 인간들에게 널리 법을 설하는 것을 멀리서 보며 크게 기뻐하고 공경하고 예배하였다. 또 한량없는 중생들이 이 법문을 듣고 깨달아 불퇴전의 경지에 이르렀고, 한량없는 중생이 성불하리라는 수기를 받았으며, 무구세계가 여섯 가지로 진동하였다.

또 사바세계의 3천 중생들은 불퇴전의 경지에 머물게 되었고, 3천 중생들은 보리심을 일으켜 수기를 받았으며, 지적보살과 사리불과 법회에 참여한 대중들 모두는 묵묵히 믿고 받아들였다.

〈제12 제바달다품 끝〉

제13 지품
第十三 持品

그때 약왕보살마하살(藥王菩薩摩訶薩)과 대요설보살마하살(大樂說菩薩摩訶薩)은 권속 2만 보살들과 함께 세존께 맹세하였다.

"오직 원하옵나니 세존이시여, 심려하지 마옵소서. 부처님께서 열반에 드신 뒤에 저희는 반드시 법화경을 받들어 지니고 읽고 설하겠나이다. 뒷날 악한 세상의 중생들은 선근이 점점 줄어들고 잘난 체하는 증상만(增上慢)이 늘어나, 이익과 공양을 탐하고 착하지 않은 일만 하여, 해탈과 멀어지고 교화하기 어려워질지라도, 저희는 큰 인내를 발휘하여 이 법화경을 독송하고 수지하고 설하고 사경하고 갖가지로 공양하되, 몸과 목숨을 아끼지 않겠나이다."

그때 수기를 얻은 5백 아라한들도 부처님께 아뢰었다.

"세존이시여, 저희 또한 다른 국토에서 이 법화경을 널리 설할 것을 서원하옵니다."

또 수기를 얻은 유학(有學)과 무학(無學) 비구 8천명도 자리에서 일어나 합장하고 부처님께 맹세하였다.

"세존이시여, 저희들도 다른 국토에서 이 법화경을 널리 설하겠나이다. 왜냐하면 사바세계 사람들 대부분이 악하고 증상만이 강하고 공덕이 천박하고 성을 잘 내고 마음이 혼탁하고 아첨을 잘하고 진실 되지 않기 때문입니다."

이때 세존의 이모인 교담미(憍曇彌) 마하파사파제(摩訶波闍波提) 비구니는 유학의 비구니와 무학의 비구니 6천명과 함께 자리에서 일어나 일심으로 합장한 채 잠시도 한눈을 팔지 않고 부처님의 존안을 우러러 보았다. 이에 세존께서 교담미에게 이르셨다.

"어찌하여 그토록 근심스러운 얼굴로 여래

를 보느냐? 내가 그대의 이름을 따로 말하여 아뇩다라삼먁삼보리를 얻으리라는 수기를 주지 않을까 걱정하는 것이냐? 교담미여, 나는 이미 모든 성문들에게 다 수기를 주었느니라. 지금 그대의 수기 사실을 자세히 알고 싶어 한다면 설하여 주겠노라.

그대는 미래세 6만 8천억 부처님의 법 가운데서 대법사가 될 것이요, 이 6천 명의 비구니들도 다 함께 법사가 될 것이다. 이렇게 하여 점차로 보살도를 다 갖추어 반드시 성불하리니, 이름은 일체중생희견(一切衆生喜見)여래·응공·정변지·명행족·선서·세간해·무상사·조어장부·천인사·불세존이니라. 교담미여, 이 일체중생희견불과 6천 보살들은 차례로 수기하고 차례로 아뇩다라삼먁삼보리를 얻게 되느니라."

이때 라후라(羅睺羅)의 어머니인 야수다라(耶輸陀羅) 비구니는 생각하였다.

'부처님께서 수기하실 때 왜 내 이름만은 언

급하지 않는 것일까?'

부처님께서 야수다라에게 이르셨다.

"그대는 장차 백천만억 부처님의 법 가운데서 보살행을 닦아 대법사가 되어 점차로 불도를 이룬 뒤에 훌륭한 국토에서 성불하리니, 이름은 구족천만광상(具足千萬光相)여래·응공·정변지·명행족·선서·세간해·무상사·조어장부·천인사·불세존이요, 수명은 무량아승지겁이니라."

수기를 얻은 마하파사파제 비구니와 야수다라 비구니는 그 권속들과 함께 매우 기뻐하며 게송으로 아뢰었다.

도사(導師)이신 세존께서 천인 인간 편케 하니
수기받은 저희들도 마음 편안 하옵니다

비구니들은 다시 부처님께 아뢰었다.

"부처님이시여, 저희들도 다른 국토에서 이 법화경을 널리 설하겠나이다."

그때 부처님께서는 80만억 나유타에 이르는 보살마하살들에게 눈길을 주셨다. 이 보살들은 모두 불퇴전의 경지인 아비발치(阿鞞跋致)에 머물러 법륜을 굴리고, 온갖 다라니를 다 얻은 이들이었다. 그들은 곧 자리에서 일어나 부처님 앞으로 나아가 합장하고 일심으로 생각하였다.

'부처님께서 우리들에게 이 법화경을 받아 지니고 설하라고 분부하시면 부처님의 가르침대로 널리 펴리라.'

그리고는 다시 생각하였다.

'지금 부처님께서 말없이 계실 뿐 분부하지 않으시니, 우리는 어떻게 해야 하는가?'

마침내 보살들은 공손하게 부처님의 뜻을 따름과 동시에 자신들의 본래 서원을 원만히 이루고자 부처님 앞에서 사자후(獅子吼)로 맹세하였다.

"부처님이시여, 저희들은 여래께서 열반에 드신 뒤에 시방세계를 두루 돌아다니며 중생들로 하여금 이 법화경을 사경하고 수지독송하고 그 뜻을 해설하겠으며, 법대로 수행하고 잘 기억하여 잊지 않겠나이다. 이 모두는 부처님의 위신력이오니, 바라옵건대 부처님께서는 다른 국토에 계실지라도 멀리서 보시옵고 수호하여 주옵소서."

보살들은 함께 게송을 아뢰었다.

멸도뒤의　두렵고도　악한세상　머무르며
저희이경　설하리니　염려하지　마옵소서
지혜없는　사람들이　나쁜말로　욕을하고
칼몽둥이　휘둘러도　저희능히　참으리다
악세(惡世)비구　삿되고도　간사스런　마음으로
못이룬것　증득했다　거짓되이　말하면서
나잘났다　우쭐대며　아만심을　부리오니
고요한곳　있으면서　누더기옷　걸쳐입고
참된도를　행한다며　떠들면서　선전하고
다른사람　무시하고　재물이익　탐착하며
세속에서　살고있는　이들에게　설법하여

신통이룬	나한처럼	세상공경	받나이다
이런이들	마음악해	세속일만	생각하고
뒤에숨어	거짓으로	저희허물	말합니다
이비구들	하나같이	재물이익	탐하면서
외도학설	연구한뒤	제스스로	경전지어
세상사람	현혹하고	이름명예	구하면서
법화경을	해설하고	널리편다	하옵니다
또한우리	비방코자	대중속에	머무르며
국왕대신	바라문과	거사들과	비구에게
저희들을	비방하되	'삿된견해	지닌이가
외도들의	가르침을	설한다'고	하옵니다
그렇지만	저희들은	세존공경	하옵기에
이와같은	비방들을	능히참을	것입니다
또한저희	경멸하여	'그대모두	부처이다'
빈정대며	말하여도	싫다않고	참으리다
두려웁기	그지없는	탁한겁의	세상에서
악한귀신	몸에들어	꾸짖으며	욕을해도
부처님을	믿는우리	법화경을	설하고자

인욕이란　갑옷입고　어려운일　잘참으며
몸과목숨　모두바쳐　무상도를(無上道)　아끼면서
미래세상　어디서든　세존분부　지키리다
두렵고도　탁한세상　야차같은　악비구가(惡比丘)
근기따라　설법하는　부처방편　알지못해
가지가지　욕설들과　비아냥을　내뱉으며
우리더러　'탑과절을　떠나가라'　내쫓아도
부처님의　분부하심　명심하고　생각하여
이와같은　온갖수모　능히참아　내오리다
시골도시　할것없이　법구하는　이있으면
어디든지　찾아가서　법화경을　설하리다
우리들은　세존사자(使者)　대중속에　머물면서
두려움이　전혀없는　좋은설법　하오리니
바라건대　여래시여　아무걱정　마옵소서
여기계신　시방불과　석가모니　부처님은
이와같이　서원하는　저희마음　잘아시리

〈제13 지품 끝〉

묘법연화경 제5권

제14 안락행품
第十四 安樂行品

그때 문수사리(文殊師利) 법왕자(法王子) 보살마하살(菩薩摩訶薩)이 부처님께 여쭈었다.

"부처님이시여, 부처님을 존경하고 따르는 보살들도 미래의 악한 세상에서 이 법화경을 지키고 보호하고 읽고 설하겠다〔護持讀說〕는 큰 서원을 일으킴은 심히 어려운 일이옵니다. 부처님이시여, 보살마하살은 미래의 악한 세상에서 이 법화경을 어떻게 설해야 하옵니까?"

부처님께서 문수사리보살에게 이르셨다.

"보살마하살이 미래의 악한 세상에서 법화경을 설할 때에는 반드시 네 가지 법에 안주(安住)해야 하느니라."

첫째는 보살의 행할 것(行處)과 친근해야 할 것(親近處)에 잘 머무른 다음에 중생들에게 법화경을 설해야 하느니라.

문수사리여, 어떤 것을 일러 보살마하살의 행할 것(行處)이라고 하는가?

인욕의 경지에 머물러 늘 부드럽고 평화롭고 착하고 순할 뿐(柔和善順), 갑자기 난폭해지거나 놀라지 아니하며,

어떤 것에 대해서도 집착함이 없이 모든 것의 참모습(如實相)을 잘 관조하고,

그 모든 것에 대해 함부로 생각하거나 분별하지 않는 것을 일러 '보살마하살의 행할 것(行處)'이라 하느니라.

어떤 것을 일러 보살마하살이 친근히 해야 할 것(親近處)이라고 하는가?

보살마하살은 국왕·왕자·대신·관리 등을 가까이하지 말아야 하고, 일체 외도와 바라문과 극단적인 고행주의자, 속된 글을 쓰거나 외

도의 서적을 찬양하는 자, 극단적인 쾌락주의자와 염세주의자는 가까이하지 말아야 하느니라.

또한 모든 나쁜 놀이와 격투와 씨름, 유흥장에서 즐기는 갖가지 변덕스러운 놀이들을 가까이하지 말아야 하고, 천하게 행동하는 자와 돼지·양·닭·개를 도살하거나 생업과 관계없이 사냥을 하고 물고기를 잡는 등의 갖가지 악한 행위를 하는 자는 가까이하지 말아야 하느니라. 만일 이와 같은 자들이 찾아오거든 그들을 위해 설법은 하되 아무것도 바라지 말라.

또 성문도(聲聞道)를 구하는 비구·비구니·우바새·우바이를 가까이하거나 방문하지 말고, 그들의 방이나 경행하는 곳이나 강당에서 함께 머물지 말며, 혹 찾아오거든 근기에 따라 설법은 하되 아무것도 구하지 말지니라.

문수사리야, 또한 보살마하살은 여인의 몸

에 대해 애욕을 품은 채 설법을 하여서는 아니 되며, 여인 보기를 좋아하지도 말라. 남의 집에 가더라도 젊은 여인이나 처녀·과부 등에게 먼저 이야기하지 말며, 다섯 종류 성불구자인 오종불남(五種不男)도 가까이하지 말지니라. 혼자서는 다른 사람의 집에 들어가지 말지니, 만일 까닭이 있어 혼자 들어가게 되었을 때는 일심으로 부처님을 생각할지니라. 만일 여인에게 설법을 하게 되거든 치아를 드러내고 웃거나 가슴을 드러내어 보이지 말라. 법을 위함이라 할지라도 깊이 친하지 말아야 하거늘, 다른 일이야 말할 것이 있겠느냐?

나이 어린 제자와 사미(沙彌)와 어린아이 기르기를 좋아하지 말고, 그들과 함께 한 스승을 섬기는 것도 좋아하지 말라.

이상이 가까이하지 말아야 할 것이며 친근해야 할 것은 다음과 같으니라.

늘 좌선하기를 좋아하고 한적한 곳에서 마

음 닦기를 즐겨야 하나니〔修攝其心〕, 문수사리야, 이를 일러 '첫 번째 친근처(親近處)'라 하느니라.

또 보살마하살은 모든 것의 진실한 모습이 공(空)임을 관찰하기 때문에, 전도(顚倒)되지도 않고 동요하지도 않고 물러서지도 않고 옮겨가지도 않느니라〔不顚倒 不動 不退 不轉〕. 마치 허공과 같아서 일정한 성품이 없기 때문에 언어로 표현할 수 없을뿐더러, 생기지도 않고 나오지도 않고 일어나지도 않으며〔不生 不出 不起〕, 이름도 없고 모양도 없고 실제로 소유할 수도 없으며, 한량없고 끝도 없고 걸림도 없고 막힘도 없지만, 오직 인연으로 인해 있게 되고 전도된 생각에 의해 생겨나는 것이라고 관찰해야 하느니라.

이와 같이 법의 모습을 항상 즐겨 관(觀)하는 것〔常樂觀如是法相〕이 보살마하살이 '두 번째로 친근히 해야 할 것〔親近處〕'이니라."

부처님께서는 거듭 게송으로 이르셨다.

만일 어떤 보살 있어 미래 악한 세상에서
자신 있게 법화경을 설하기를 바란다면
행처(行處)들과 친근처(親近處)를 잘 알아야 하느니라
먼저 국왕 왕자 대신 관리들을 비롯하여
나쁜 장난 하는 이와 천한 행동 하는 이와
외도들과 바라문과 속된 이들 멀리하라
자칭 도인 행세하고 소승법에 탐착하여
벗어나지 못하는 이 친근하지 말 것이요
계를 파한 비구들과 이름뿐인 아라한과
잘 웃으며 희롱하기 좋아하는 비구니와
오욕락에 탐착한 채 열반도를 구하려는
우바새와 우바이는 친근하지 말지니라
만일 이런 사람들이 좋은 마음 가지고서
보살처소 찾아와서 부처의 도 물어들랑
주저 말고 두려움이 없는 선한 마음으로
그 무엇도 바라잖고 법화경을 설해주라
과부거나 처녀거나 남자답지 못한 이는
가까이에 두지 말고 거리감을 둘 것이며

가축들을 도살하고 사냥하고 고기잡아
살생으로 이익보는 사람들도 친근말고
고기팔고 여색팔아 살아가는 사람이나
흉악스런 싸움꾼과 음흉스런 놀이꾼과
음기(氣)많은 여인들도 친근하지 말지니라
홀로외진 곳에서는 여인에게 설법말며
만일설법 할지라도 웃지말고 장난말라
마을찾아 걸식할때 딴비구와 함께가고
만일홀로 가게되면 일심으로 염불하라
이것이 곧 보살들의 행할것과 친근할것
이두경계 잘지키면 안락하게 설법한다
보살들은 뛰어난법 보통의법 열등한법
유위의법 무위의법 진실한법 허망한법
그어떠한 법이라도 집착하면 아니되고
이는여자 저는남자 분별해도 아니된다
모든법에 집착않고 앎과견해 다놓으면
이를일러 보살들의 행처(行處)라고 칭하노라
이세상의 모든것은 본래부터 공하여서

제14 안락행품 · 137

일어남도 상주(常住)함도 소멸됨도 없음이니
이를바로 아는것이 지혜인의 친근처(親近處)다
잘잘못이 뒤바뀌고 분별많이 하는이는
모든것을 있다없다 진실이다 거짓이다
생겨나지 아니한다 생겨난다 말하지만
고요한데 머물면서 마음닦는 보살들은
수미산과 다름없이 편안하게 머무른다
모든것을 관찰하되 본래실재 아니함이
마치텅빈 허공같아 견고함과 평등함과
나타남과 움직임과 물러남이 전혀없는
일상(一相)속에 머무름을 친근처(親近處)라 하느니라
내가열반 보인뒤에 만일어떤 비구있어
행처들과 친근처를 적절하게 지키면서
법화경을 설법하면 두려움이 없느니라
또한보살 수행할때 고요한방 들어가서
올바르게 생각하고 이치따라 법(法)관한뒤
선정에서 나와서는 왕과왕자 신하들과
백성들과 바라문등 많은이를 위하여서

138 · 묘법연화경 제5권

법화경을 설해주고 법을열어 교화하면
그마음이 안온하여 두려움이 없느니라
문수사리 보살이여 이를일러 보살들이
법가운데 안주하여 후세사람 위하면서
법화경을 설법하는 첫번째의 법이니라

"또한 문수사리야, 여래가 열반에 든 다음의 말법(末法)세상에서 이 법화경을 설하고자 한다면 마땅히 두 번째 안락행(安樂行)에 머물러야 하느니라.

곧 법화경을 입으로 설하거나 읽을 때는 다른 사람이나 다른 경전의 허물을 말하기를 즐기지 말며,

다른 법사들을 가벼이 여겨 업신여기지 말며,

다른 사람의 잘잘못과 장단점을 말하지 말며,

성문들의 이름을 지적하여 그의 허물을 말하지도 칭찬하지도 말고 원망하지도 미워하지도 말지니라.

이와 같이 안락한 마음으로 잘 닦아서, 듣

는 모든 이의 뜻을 어기지 말 것이며, 누가 어려운 질문을 하더라도 소승법으로 답하지 말고 오직 대승법으로 해설하여 그들로 하여금 일체종지(一切種智)를 얻을 수 있게 해야 하느니라."

세존께서 거듭 게송으로 이르셨다.

보살들아 어느때나 편안하게 설법하라
청정하고 밝은곳에 법의자리 마련하고
맑은물로 목욕하여 더러운때 씻어내고
새옷입어 안과밖을 깨끗하게 만든다음
법상위에 편히앉아 물음따라 설법하라
비구들과 비구니와 우바새와 우바이와
국왕들과 왕자들과 신하들과 백성에게
부드러운 표정으로 미묘한뜻 설해주고
어려운것 질문하면 이치따라 대답하되
인연담과 비유로써 자세하게 설하여라
이와같은 방편으로 모두발심 시켜주고
점차이익 더해주어 불도(佛道)속에 들게하라

뜻과생각 속에있는 게으름을 제거하고
근심걱정 멀리떠나 자비로써 설법하며
위없는도 밤낮으로 부지런히 항상설해
여러가지 인연들과 한량없는 비유로써
중생들을 깨우치고 기쁨가득 안겨주되
의복이나 침구좌복 음식들과 약품들을
하나라도 바라거나 얻으려고 하지말라
이와같이 일심으로 설법을한 인연으로
불도(佛道)성취 하옵기를 지성으로 서원하고
중생들도 불도성취 하게되기 바랄지니
이를일러 큰이익의 안락공양(安樂供養) 이라한다
내멸도후 법화경을 잘설하는 비구라면
질투하고 성내거나 번뇌장애 전혀없고
그어떠한 근심이나 걱정들이 없느니라
욕하는이 또한없고 두려움도 전혀없고
칼등으로 해치거나 내쫓는이 없으리니
인욕으로 편안하게 머무르기 때문이다
지혜있는 사람이면 이와같이 마음닦아

내가말한 것과같은 안락행에 머무나니
그사람이 얻는공덕 천만억겁 지나도록
아무리잘 표현해도 다말할수 없느니라

"세 번째로 문수사리야, 법이 사라져가는 후(後)말세(末世)에 이 법화경을 받아 지니고 읽고 외우는 보살마하살은 질투하거나 아첨하거나 속이려는 마음을 품지 말 것이며, 불도를 배우는 이를 업신여기거나 욕하거나 그의 장단점을 들추어내지 말지니라.

비구·비구니·우바새·우바이 중에 성문의 경지를 구하는 이나 벽지불의 경지를 구하는 이나 보살의 경지를 구하는 이에게, '그대들은 도에서 아주 멀리 떨어져 있어 결코 부처님의 일체종지(一切種智)를 얻지 못한다. 그 까닭이 무엇인가? 게으르고 도를 구하는 데 너무 태만하기 때문이다'라는 등의 말을 하여 그들로 하여금 의심하고 후회하게 만들지 말라. 또 다툴 여지가 있는 법들에 대해 쓸데없이 논하지 말라.

오직 일체 중생들에 대하여 큰 자비심을 일으키고, 부처님들에 대해 자비로운 아버지라는 생각을 일으키며, 보살들에 대해 큰 스승이라는 생각을 일으켜라. 시방의 대보살들을 항상 마음 깊이 공경하고 예배하면서, 일체 중생들에게 평등하게 법을 설하되 법에 맞게 설할 뿐 더 설하지도 덜 설하지도 말며, 법을 깊이 사랑하는 이일지라도 특별히 더 설하지 않아야 하느니라.

문수사리야, 뒷날 법이 멸하려 하는 말세에 이 세 번째 안락행을 성취한 행자는 법화경을 설할 때 번뇌나 시끄러운 일 없이 좋은 도반(道伴)을 만나 함께 이 경을 독송하게 되느니라.

또한 많은 대중이 그의 설법을 들으러 올 것이요, 들은 뒤에는 능히 지닐 것이요, 지닌 뒤에는 외울 것이요, 외운 뒤에는 설할 것이요, 설한 뒤에는 스스로 사경하고 남에게도 쓰게

하면서, 법화경에 대해 공양하고 공경하고 존중하고 찬탄하게 되느니라."

세존께서 거듭 게송으로 이르셨다.

법화경을 설하려면 질투성냄 교만심과
아첨하고 남속이는 삿된마음 다 버리고
한결같이 성실하게 곧은행을 닦아갈뿐
다른사람 경멸커나 법에대해 논쟁말고
남을향해 성불하지 못한다는 말을하여
의혹속에 빠져들게 하여서도 아니된다
법화경을 설할때는 온화하게 능히참고
자비심을 일으켜서 부지런히 교화하라
'중생들이 가엾다'며 시방세계 다니면서
도행하는 대보살을 대법사로 생각하고
부처님을 으뜸가는 아버지로 여기면서
교만심을 쳐부수고 거침없이 설법하라
세번째법 이러하니 지혜있는 사람들이
굳게지켜 일심으로 안락하게 행할지면

한량없는 중생들이 공경하고 받드노라

"네 번째는 문수사리야, 법이 사라져가는 후말세에 이 법화경을 받아 지니는 보살은 재가 출가불자에게 대자비심을 일으킬 뿐 아니라, 불자가 아닌 이들에게도 대자비심을 품고 이렇게 생각해야 하느니라.

'이들은 큰 과오를 범하고 있다. 여래께서 방편으로 근기에 따라 설법하신 것을 듣지도 못하고 알지도 못하고, 깨닫지도 못하고 묻지도 못하고, 믿지도 못하고 이해하지도 못하고 있다. 이들이 비록 이 법화경에 대해 묻지도 못하고 믿지도 못하고 이해하지도 못하고 있으나, 내가 아뇩다라삼먁삼보리를 얻게 되면 그들이 어디에 있든 신통력과 지혜의 힘으로 이끌어서 이 법 가운데 머무르게 하리라.'

문수사리야, 여래가 열반에 든 뒤에 이 네 번째 법을 성취한 보살마하살은 이 경을 설할

때 허물을 범하지 않게 되나니, 비구·비구니·우바새·우바이·국왕·왕자·대신·백성·바라문·거사 등이 언제나 공양하고 공경하고 존중하고 찬탄하느니라. 또 허공의 천인들도 법을 듣기 위해 늘 따라다니며 모시느니라.

만일 시골이나 도시나 한적한 숲 속에 있을 때 어떤 사람이 찾아와 트집을 잡거나 비난을 할지라도, 천인들이 밤낮으로 수호하여 듣는 이들을 환희롭게 하나니, 과거·현재·미래의 모든 부처님들이 이 법화경을 신통력으로 보호하고 있기 때문이니라.

문수사리야, 저 수많은 국토에서는 법화경의 이름조차 듣기 어렵거늘, 하물며 얻고 보고 수지독송함이랴. 문수사리야, 비유를 들리라.

⑥ 계주유髻珠喩

강력한 전륜성왕이 그의 위엄과 힘으로 여러 나라를 항복시키고자 할 때, 작은 나라의

왕들이 그의 명에 따르지 않게 되면 전륜성왕은 많은 군사를 일으켜 그들을 토벌하느니라.

그때 전륜성왕은 크게 기뻐하면서 전쟁 유공자에게 공에 따라 상을 주되, 논밭이나 집·마을·도시를 주기도 하고, 의복·장신구를 주기도 하고, 갖가지 진귀한 보물인 금·은·유리·자거·마노·산호·호박이나 코끼리·말·수레·노비·백성들을 주기도 하지만, 오직 상투 속에 있는 명주(明珠)만은 주지 않느니라. 무슨 까닭인가? 세상에서 전륜성왕의 정수리에만 있는 단 하나의 구슬이므로, 그것을 주면 왕의 권속 모두가 반드시 크게 놀라고 이상하게 여길 것이기 때문이니라.

문수사리야, 여래 또한 이와 같아서, 선정과 지혜의 힘으로 법(法)의 국토를 얻은 삼계(三界)의 왕이지만, 마왕들이 순순히 항복하지 않기 때문에 여래의 어질고 성스러운 장군들이 그들과 싸움을 하게 되느니라. 이때 여래는 환희심으로 여러 가지 경전을 설하여 그들의 마음을 기쁘게 만드나니, 선정·해탈·오근(五根)·오력(五力) 등 갖가지 귀한 법과 열반의 성(城)을 주면서 멸도(滅道)를 얻었음을 일러주어 그들을 인도하고 마음을 크게 환희롭게 만드느니라. 그러나 이 법화경만은 설하지 않느니라.

문수사리야, 저 전륜성왕은 병사들 중에 가장 큰 공을 세운 이를 보고 크게 기뻐하면서도, 오랫동안 상투 속에 감추어 두고 함부로 사람들에게 보여 주지 않았던 그 명주는 나중에야 주느니라.

여래 또한 그와 같나니, 여래는 삼계의 대법왕이 되어 바른 법으로 일체 중생을 교화하다가, 어질고 훌륭한 군사가 오음마(五陰魔)·번뇌마(煩惱魔)·사마(死魔)와 싸워서 삼독을 없애고 마의 그물을 찢어 삼계를 벗어나는 것을 보고 크게 기뻐하면서, 일체 세간에서 믿기 보다는 원망하기가 쉽기 때문에 일찍이 설하지 않았던 이 법화경을 비로소 설하여, 중생들로 하여금 일체지(一切智)를 얻게 하느니라.

❀

　문수사리야, 이 법화경은 모든 여래의 가르침 중에서 제일의 법문이요, 모든 가르침들 중에서 그 뜻이 가장 깊기 때문에 마지막에 가서야 설하나니, 이는 마치 저 힘센 왕이 오래도록 간직해 왔던 명주를 마지막에 내어 주는 것과 같으니라.

　문수사리야, 이 법화경은 제불여래(諸佛如來)가 비밀스럽게 감추어 두었던 법장(法藏)이요 모든 경전 중에 최상의 것이므로, 오래도록 간직한 채 함부로 설하지 아니하다가, 오늘에야 비로소 너희에게 설하는 것이니라."

세존께서 거듭 게송으로 이르셨다.

항상인욕　실천하고　일체 중생　애민(哀愍)하며
부처님들　찬탄하신　법화경을　설하여라

오는세상 후말세에 이경전을 지닌이여
재가자든 출가자든 보살여부 가림없이
자비심을 일으킨뒤 이와같이 생각하라
'많은중생 법화경을 듣지않고 믿지못해
큰과오를 범하지만 내가불도 이룬다음
여러가지 방편으로 이경전을 설법하여
법화경법 가운데에 머무르게 할것이다'
비유하여 말하노니 힘이강한 전륜성왕
전쟁에서 공을세운 군사에게 상을주되
코끼리말 수레등과 몸을꾸밀 장신구와
많은논밭 가옥들과 촌락성읍 떼어주고
의복보석 노비재산 기뻐하며 나눠준다
또한가장 잘싸우고 어려운일 행한장수
상투속에 감춰뒀던 명주꺼내 상주노라
부처님도 이와같이 모든법의 왕이되어
인욕잘해 이룬힘과 智慧寶藏
지혜보장 활짝열어
대자비로 법에따라 어둔세상 교화할때
고통받던 사람들이 해탈법을 구하고자

여러종류 마군들과 싸우는것 보시고는
이중생들 이끌고자 여러가지 법설하고
큰방편을 두루열어 여러경전 설하다가
그중생들 힘얻었음 확실하게 보게되면
마지막에 그들위해 법화경을 설하시니
전륜왕이 상투풀어 명주꺼내 줌과같다
이법화경 훌륭함이 모든경중 으뜸이라
내가홀로 간직할뿐 보여주지 않았으나
지금바로 때가되어 너희에게 설하노라
내열반에 든다음에 부처님법 구하면서
편안하게 법화경을 설하기를 원하거든
앞서말한 네가지의 안락행법(安樂行法) 따르거라
법화경을 읽는이는 근심걱정 항상없고
각종병환 전혀없어 얼굴빛이 아름답고
빈궁함과 천박함과 추악함이 없느니라
중생들이 좋아하되 어진성현 보듯하며
하늘나라 동자들이 찾아와서 시중들고
칼몽둥이 독약들의 해를입지 않게되며

만일 누가 욕설하면 욕한입이 막히노라
두려움이 없기로는 사자왕과 다름없고
그지혜의 밝은광명 태양처럼 빛나도다
또한능히 꿈속에서 묘한일만 보게되니
위엄있게 사자좌에 앉아계신 제불들이
비구들에 둘러싸여 설법하심 볼것이요
항하모래 수와같은 용과귀신 아수라들
일심으로 합장하고 공경하는 그속에서
너희들이 그들위해 설법함을 볼것이다
또한금빛 부처님들 한량없는 광명놓아
일체세간 모든것을 남김없이 비추시며
맑고고운 음성으로 모든법을 설하시니
사부대중 모두위해 높은법을 설하실때
너희또한 그가운데 머무르게 될것이요
합장하고 일심으로 부처님을 찬탄하고
법을듣고 환희하여 부처님께 공양하며
다라니와 불퇴지혜(不退智慧) 증득함을 볼것이다
불도깊이 깨달은것 부처님이 아시고서

최정각을 이룬다는 수기주고 설하나니
'선남자야 너는장차 다가오는 세상에서
한량없는 큰지혜로 불의대도 얻은다음
청정하고 크고넓은 그대불국 정토에서
대중에게 설법함을 보게된다' 하시니라
또한다시 그대들은 산림속에 들어가서
좋은법을 닦고익혀 진실상을 증득하고
깊은선정 속에들어 시방불을 친견한다
몸은모두 금빛이요 백복으로 장엄하신
시방세계 부처님께 법을얻어 듣고나서
남을위해 설법하는 좋은꿈들 꾸게된다
또꿈속에 왕이되어 큰궁전과 권속들과
오욕락을 다버리고 도량으로 나아가서
보리수의 밑에놓인 사자좌에 높이앉아
도구한지 칠일만에 부처지혜 모두얻고
위없는도 성취한뒤 자리에서 일어나서
사부대중 깨우치는 큰법륜을 굴리나니
천만억겁 지나도록 무루묘법 설하여서

제14 안락행품 · 153

한량없는 　많은중생 　제도하여 　마친다음
마침내는 　최후맞아 　등불들이 　다꺼지고
연기마저 　사라지는 　참된열반 　들게된다
뒤에오는 　악세에서 　법화경을 　설하는이
얻게되는 　큰이익과 　공덕들은 　이같노라

〈제14 안락행품 끝〉

제15 종지용출품
第十五 從地踊出品

 그때 다른 국토에서 온 8항하사만큼 많은 보살마하살이 대중 속에 있다가 자리에서 일어나 합장 예배하고 부처님께 아뢰었다.
 "부처님이시여, 저희는 부처님께서 열반에 드신 다음, 이 사바세계에 머물면서 부지런히 법화경을 지키고 보호하고 독송하고 사경하고 공양하고자 하옵니다. 만일 허락하신다면 이 땅에서 법화경을 널리 설하겠나이다."
 부처님께서 보살마하살들에게 이르셨다.
 "그만두어라, 선남자야. 그대들이 이 가르침을 지키고 보호할 필요는 없다. 그 까닭이 무엇인가? 이 사바세계에는 6만 항하사만큼 많은 보살마하살들이 있고, 또 그 보살들에게는 각기 6만 항하사만큼 많은 권속들이 있나니, 그들이 내가 열반에 든 뒤 이 법화경을 지키고 보호하고 독송하고 널리 설할 것이기 때문이니라."

부처님께서 이와 같이 설하시자, 사바세계 삼천대천국토(三千大千國土)들이 다 진동하면서 열리더니, 그 속으로부터 천만억의 한량없는 보살마하살들이 동시에 솟아 올라왔다. 이 보살들의 몸은 모두 황금색이요 삼십이상을 갖추고 있었으며, 한없이 밝은 빛을 발하고 있었다. 이 보살들은 모두 사바세계 아래의 허공에 머물러 있다가 석가모니불의 음성을 듣고 솟아올라온 것이었다.

이 보살들은 대중을 이끄는 지도자로서 제각기 6만 항하사만큼 많은 권속들을 거느리고 있었다.

또 5만·4만·3만·2만·1만 항하사만큼 많

은 권속들을 거느린 보살들의 수는 더욱 많았으며, 1항하사만큼 많은 권속들이나 그것의 반 또는 사분의 일, 천만억 나유타분의 일에 이르는 권속을 거느린 보살들의 수는 더더욱 많았다. 또 천만억 나유타에 이르는 권속을 거느린 보살들이나, 억만 또는 천만·백만·일만 권속을 거느린 보살들의 수가 더 많음은 말할 필요조차 없었다. 또 일천·일백·일십 명의 권속을 거느린 보살들이나 다섯·넷·셋·둘·하나의 제자를 거느린 보살, 그리고 홀로 한적한 곳에서 수행하는 것을 즐기는 보살들의 수는 더욱 많아서, 숫자나 비유로는 다 헤아릴 수가 없었다.

이 모든 보살들은 땅으로부터 솟아 올라와 다보여래와 석가모니불이 계신 공중 높이에 떠있는 칠보탑으로 나아갔다. 그리고는 두 분 세존의 발에 머리를 대고 예배를 드린 다음, 보배나무 아래의 사자좌에 앉아 계신 모든 부처님들의 발에 머리를 대고 예배를 드렸다. 그리고는 오른쪽으로 세 번을 돌고 합장 공경하면서, 모든 보살의 찬탄법에 맞추어 찬탄을 한 다음, 한쪽으로 물러나 기쁜 마음으로 두 분 세존을 우러러보았다.

이 모든 보살마하살들이 땅에서 올라와 보살의 찬탄법대로 부처님들을 찬탄할 때까지 50소겁(小劫)이 경과하였으나, 그 동안 석가모니불은 말없이 앉아 계셨고 사부대중 또한 잠자코 있었으니, 부처님의 신통력으로 인해 50소겁이 대중들에게는 한나절과 같이 느껴졌다.

그때 사부대중들은 부처님의 신통력 덕분에 수많은 보살들이 한량없는 백천만억 국토의 허공에 가득 차 있는 것을 볼 수 있었다.

이 보살들 중에는 네 명의 지도자(導師)가 있었으니, 첫째 이름은 상행(上行)이요 둘째는 무변행(無邊行), 셋째는 정행(淨行), 넷째는 안립행(安立行)이었다. 이 네 보살은 대중들 중에서 가장 으뜸가는 지도자요 스승이었다. 네 보살은 대중들 앞으로 나와 합장하고 석가모니불을 우러러보며 문안을 드렸다.

"세존이시여, 병없고 걱정없이 안락하게 지내십니까? 제도하는 중생들이 가르침을 잘 받아들이고 있습니까? 세존을 피로하게 하지는 않습니까?"

네 명의 대보살은 거듭 게송으로 여쭈었다.

**세존이여 병이없고 근심없이 안락하며
중생교화 하시느라 피로하지 않습니까
중생들이 가르침을 제대로잘 이해못해
부처님을 피로하게 만들지는 않는지요**

이에 세존께서 보살들에게 이르셨다.

"이와 같고 이와 같다〔如是如是〕. 여래는 안락하고 병도 없고 근심도 없느니라. 또 중생들도 교화하기가 쉬워 피로하지 않느니라. 왜냐하면 이 중생들은 세세생생 나의 교화를 받아왔고, 과거에 많은 부처님들을 공경하고 존중하면서 갖가지 선근을 심었기 때문이니라. 이 중생들은 처음 나를 보고 내 설법을 듣고는 곧바로 여래의 지혜를 믿고 이해하였으며, 여래의 지혜를 얻는 길로 들어섰느니라. 단 일찍부터 소승만을 배운 자는 제외되지만, 이들 또한 내가 지금 법화경을 듣게하여 부처님의 지혜 속으로 들어가게 하느니라."

이때 대보살들이 게송으로 아뢰었다.

대웅(大雄)이신 세존이여 정말훌륭 하십니다
중생들을 근기따라 쉽게교화 하시옵고
깊고깊은 부처지혜 능히묻고 들은다음
믿고지녀 행한다니 저희들도 기쁩니다

세존께서도 대중의 지도자인 대보살들을 찬탄하였다.

"착하고 훌륭하도다, 선남자들아. 너희가 여래를 따라 능히 기쁜 마음을 일으키는구나."

이때 미륵보살(彌勒菩薩)과 8천 항하사만큼 많은 보살들 모두는 마음속으로 생각하였다.

'우리는 예로부터 지금까지 이와 같은 대보살마하살들이 땅에서 올라와 세존 앞에서 합장하고 공양하며 문안을 드리는 것을 본 적도 없었고 듣지도 못하였다.'

이때 미륵보살마하살은 8천 항하사만큼 많은 보살들의 마음속 생각을 알았으며, 아울러 자신의 의문스러웠던 바도 풀고자 부처님을 향해 합장하고 게송으로 여쭈었다.

한량없는　수천만억　보살대중　모인것을
아직본적　없사오니　어디에서　오셨으며
모인인연　무엇인지　양족존(兩足尊)은　설하소서
큰몸에다　큰신통과　부사의한　지혜있고
뜻과생각　견고하고　큰인욕을　지녔으며

중생들이 좋아하니 어디에서 왔나이까
한분한분 보살들이 거느리는 권속들은
그수효가 한량없는 항하사수(恒河沙數) 같습니다
그중육만 항하사수 만큼많은 대보살은
각기육만 항하사수 대중들을 데려와서
일심으로 부처님의 위없는도 구하고자
부처님께 공양하고 이경보호 하옵니다
또한오만 항하사수 권속지닌 보살수는
앞의보살 수보다도 더욱많을 뿐아니라
사만삼만 이만일만 일천일백 에서부터
일항하사 만큼되는 권속지닌 대보살들
그것의반 삼분의일 사분의일 에서부터
억만분의 일정도의 권속지닌 대보살들
수천수만 나유타의 권속지닌 대보살들
일만억명 제자들을 거느리는 대보살들
억명의반 권속들을 거느리는 보살등등
그수효는 갈수록더 많아지고 있습니다
또한백만 일만내지 일천에서 일백명과

오십에서 십을지나 셋들하나 거느렸고
권속없이 다니기를 즐겨하여 홀몸으로
세존앞에 나온이는 앞수보다 더많으니
이와같이 많은대중 헤아리려 하다가는
항하사수(恒河沙數) 겁지나도 알아낼수 없나이다
대위덕(大威德)과 정진력을 함께갖춘 이보살들
어느누가 설법하여 능히교화 하였으며
누구따라 발심했고 어떤불법(佛法) 찬양했고
어떤경전 공부했고 어떤불도 익혔을까
신통력과 지혜가큰 이와같은 대보살들
사방의땅 갈라지며 그속에서 나왔는데
예전에는 이런일을 본적조차 없나이다
세존이여 그보살들 어디에서 오신건지
저희에게 그국토의 이름설해 주옵소서
저희들도 여러국토 두루다녀 보았으나
이런대중 본적없고 한사람도 모르오니
그들홀연 땅속에서 솟은인연 설하소서
지금이큰 모임속의 백천만억 보살들도

제15 종지용출품 · 163

한결같이 이인연을 모두알기 원하오니
한량없는 덕을지닌 으뜸가는 세존이여
보살들의 옛인연과 미래인연 설하시어
대중의심 명쾌하게 모두풀어 주옵소서

그때 한량없는 천만억 국토로부터 와서 팔방의 보배나무 아래의 사자좌에서 결가부좌를 하고 계신 석가모니의 분신불들을 모시고 있던 시자들도, 무수한 보살대중이 삼천대천세계 사방의 땅에서 솟아올라와 허공에 머물러 있는 것을 보고는, 저마다 그들이 모시고 있는 부처님께 여쭈었다.

"세존이시여, 이 무량무변 아승지의 보살 대중들은 어느 곳에서 왔나이까?"

이에 분신불들이 시자들에게 이르셨다.

"선남자들이여, 잠시만 기다려라. 여기 한 보살마하살이 있으니 그 이름은 미륵이요, 석가모니불께서 다음 세상에 성불하리라 수기를 주셨느니라. 그 보살이 이 일에 대해 물었으므로 석가모니불께서 곧 대답을 하실 것이요, 너희들도 자연히 들어 알게 될 것이다."

그때 세존께서 미륵보살에게 이르셨다.

"착하고 훌륭하도다, 아일다(阿逸多)(미륵보살)야. 나에게 이 큰 일에 대해 잘 물었도다. 너희는 일심으로 정진의 갑옷을 입고 확고한 뜻을 발하여라. 여래는 이제 제불(諸佛)의 지혜와 제불의 자유자재한 신통력과 제불의 용맹과 위엄을 나타내어 이 일에 대해 설하고자 하노라."

세존께서는 거듭 게송으로 이르셨다.

내가이일 설하리니 세심하게 주의하고
일심으로 집중하여 절대의심 갖지말라
부처지혜 생각으로 헤아릴수 없음이니
너희오직 믿음내고 인욕속에 머물지면
전에듣지 못했던법 이제모두 들으리라
너희에게 내가미리 안심하라 이르노니

털끝만한   의심이나   두려움을   품지말라
부처말씀   진실하고   지혜또한   한없으며
제일법(第一法)이   깊고깊어   분별할수   없느니라
이제이일   설하리니   일심으로   경청하라

세존께서는 게송을 읊으신 뒤 미륵보살에게 이르셨다.

"내 이제 대중들과 그대에게 이르노라. 아일다야, 한량없고 수없는 대보살마하살이 땅에서 솟아올라오는 것을 너희는 일찍이 보지 못했을 것이다.

나는 이 사바세계에서 아뇩다라삼먁삼보리를 이룬 뒤에 이 모든 보살들을 교화하고 인도하여 그 마음을 조복(調伏)받고 위없는 도심(道心)을 일으키게 하였느니라.

이 보살들은 모두 이 사바세계 아래의 허공에 살면서 모든 경전을 읽고 외우고 통달하고, 잘 생각하고 잘 분별하여 바르게 기억하고 있

느니라.

아일다야, 이 모든 선남자들은 대중들 가운데 있으면서 많이 설하기를 즐기기 보다는, 늘 고요한 곳에서 힘써 정진하기를 멈추지 않았느니라. 또 사람이나 천인들 가까이에 머물지 않고 깊은 지혜를 즐겨 닦아 언제나 걸림 없이 자재롭나니, 항상 모든 부처님의 법을 좋아하여 일심으로 정진하면서 위없는 지혜를 구하였느니라."

세존께서는 거듭 게송으로 이르셨다.

아일다야　　잘알아라　　이수많은　　대보살은
무수한겁　　이전부터　　부처지혜　　닦았으니
모두내가　　교화하여　　대도심(大道心)을　　발한이다
그들모두　　내아들로　　사바세계　　머물면서
두타행(頭陀行)을　　즐겨닦아　　시끄러운　　대중피해
고요한곳　　머물면서　　설법거의　　않느니라
이와같은　　많은아들　　나의도를　　배워익혀

제15 종지용출품 · 167

밤낮없이 정진하고 부처님법 구하면서
사바세계 아래있는 허공중에 머무나니
뜻과생각 견고하고 힘써지혜 구하기에
두려운맘 전혀없이 묘한법문 설하노라
또한내가 부다가야 보리수의 아래앉아
최정각(最正覺)을 성취하고 무상법륜(無上法輪) 굴리면서
그들모두 교화하여 도심(道心)불러 일으켰고
마침내는 불퇴전(不退轉)의 높은경지 얻었기에
틀림없이 장차모두 성불하게 되느니라
내가말한 이진실을 일심으로 믿을지니
이대중들 옛날부터 내가교화 했느니라

그때 미륵보살마하살과 무수한 보살들은 일찍이 없었던 이상한 일이므로 마음속으로 의심하고 생각하였다.

'세존께서는 어떻게 그 짧은 기간 동안 이와 같은 무량무변 아승지 수의 보살들을 교화하시어 아뇩다라삼먁삼보리의 도에 머물게 하셨

을까?'

그리고는 곧 부처님께 여쭈었다.

"세존이시여, 여래께서는 태자였을 때 석가(釋迦)족의 왕궁에서 나와 가야성 근처의 도량에 앉으시어 아뇩다라삼먁삼보리를 얻으셨나이다. 그때부터 지금까지가 40여 년밖에 지나지 않았거늘, 세존께서는 어떻게 그 짧은 기간 동안 이렇게 큰 불사(佛事)를 행하셨나이까? 어떠한 부처님의 힘과 공덕으로 이 한량없는 대보살들을 교화하여 아뇩다라삼먁삼보리를 이룰 수 있게 하셨나이까?

세존이시여, 이 대보살들의 수는 어떤 이가 천만억겁 동안 셀지라도 다 셀 수가 없고, 그 끝을 알 수가 없나이다. 이 보살들은 아주 오랜 옛날부터 한량없고 가이없는 부처님들 밑에서 갖가지 선근을 심어 보살도(菩薩道)를 성취하였을 것이요, 늘 청정하게 수행했을 것이옵니다. 세존이시여, 그러므로 이 일을 세상 사람들은 믿기가 어렵나이다.

 비유하자면 안색이 곱고 머리가 검고 나이 25세밖에 안 된 젊은이가 백세 노인을 가리키면서 '이 사람은 나의 아들이다'라고 한다거나, 백세 노인이 젊은이를 가리키면서 '저 분은 나의 아버지요, 나를 낳아 기르셨다'고 한다면 누구도 믿기 어려울 것이니, 부처님께서 말씀하신 일 또한 이와 같나이다.

 사실 세존께서 도를 얻으신 지는 오래되지 않았습니다. 그리고 이 대보살들은 이미 한량없는 천만억겁 동안 불도를 얻기 위하여 힘써 정진하였기에 한량없는 백천만억 가지 삼매(三昧)와 큰 신통을 얻었을 것이옵니다. 또 오래도록 청정한 행을 닦고 갖가지 선법(善法)을 차례로 잘 익혔기에 문답에 능할 뿐 아니라, 사람들 중의 보배요 일체 세간에서 보기 드문 이가 되었을 것이옵니다.

 그런데 지금 세존께서는 '내가 불도를 얻고

난 다음에 그들을 발심시켜서 교화하고 인도하여, 아뇩다라삼먁삼보리를 향해 나아가도록 하였다'고 하셨나이다. 세존께서 성불하신 지가 오래되지 않았는데 어떻게 이와 같은 큰 공덕을 지었나이까?

저희는 부처님께서 근기에 따라 설법하는 것과 부처님의 말씀에 거짓이 없다는 것, 부처님께서 모든 것을 막힘없이 환히 아는 분이라는 것을 굳게 믿고 있나이다. 그러나 새로 발심한 신발의(新發意)보살들은 부처님께서 열반에 드신 뒤에 이 말을 들으면 믿지 아니하여 법을 파괴하는 죄를 짓게 되지 않을까 두렵나이다.

원하옵건대 세존이시여, 부디 이 일에 대해 분명하게 설하시어 저희의 의심을 없애 주시고, 미래세의 모든 선남자들이 이 이야기를 듣고 의심을 내지 않게 하여 주시옵소서."

미륵보살은 이 뜻을 거듭 밝히고자 게송으로 아뢰었다.

석가족의 나라에서 태어나신 부처님은
출가하여 부다가야 보리수밑 앉으시어
큰깨달음 이룬지가 오래되지 않습니다
그런데도 여기있는 불자들수 한량없고
하나같이 신통깊고 보살도를 잘익혀서
물속에핀 연꽃처럼 세간법에 물안드니
불도오래 닦지않고 어찌이와 같으리까
지금많은 보살들이 땅속에서 솟아올라
공경스런 마음으로 세존앞에 있사오니
부사의한 이런일을 우리어찌 믿으리까
성불한지 얼마되지 아니하신 세존께서
이다지도 많은보살 제도했다 하오시니
대중의심 사라지게 진실설해 주옵소서
비유하면 나이이제 스물다섯 젊은이가
흰머리에 주름잡힌 백세노인 가리키며
'저사람은 내가낳은 나의아들 이다'하고
늙은이도 젊은이를 아버지라 말한다면
젊은아비 늙은아들 세상사람 믿으리까

세존또한 성불한지 오래되지 않았는데
여기많은 보살들은 뜻이굳고 떳떳하니
옛날부터 보살도를 행한것이 아닐까요
힘든문답 쉽게하고 두려움도 없사오며
인욕심이 확고하고 위엄덕망 갖췄기에
시방제불 아낌없이 그들찬탄 하옵니다
또한설법 잘하지만 대중속에 안머물고
항상선정 즐기면서 부처의도 구하고자
사바아래 허공중에 머문다고 했나이다
저희들은 세존말씀 의심하지 않사오나
미래중생 위하시어 그까닭을 설하소서
법화경을 의심하여 믿지않는 사람들은
삼악도에 떨어지니 자세하게 설하소서
한량없는 보살들을 과연어찌 교화하여
짧은세월 그사이에 발심하게 하였으며
불퇴전의 경지까지 이르도록 했나이까

〈제15 종지용출품 끝〉

기도 및 49재 법보시용으로 좋은 책 (책 크기 신국판)

광명진언 기도법 / 일타스님·김현준 180쪽 5,000원
광명진언 속에 새겨진 참의미와 바른 기도법, 빠른 기도성취법 등을 자상하게 설하고, 유형별 기도성취 영험담을 다양하게 수록하였으며, 누구나 보기 쉽도록 큰활자로 발간하였습니다. 광명진언을 외우면 행복과 평화, 영가천도, 소원성취를 이룰 수 있습니다.

생활 속의 기도법 / 일타스님 160쪽 5,000원
불교계 최대의 베스트셀러! 누구나 처할 수 있는 여러 가지 상황에 따른 구체적인 기도방법에서부터 특별기도성취법·영가천도기도법·기도할 때 지녀야 할 마음가짐까지, 자상한 문체로 예화를 섞어 쉽고 재미있게 엮었습니다.

영가천도 / 우룡스님 160쪽 5,000원
돌아가신 영가를 천도해 드렸습니까? 영가천도의 필요성과 기본자세, 염불·독경·사경을 통한 영가천도, 49재, 낙태아 천도 등을 우룡스님의 자상한 법문으로 알기 쉽게 풀어드립니다.

기도성취 백팔문답 / 김현준 240쪽 7,000원
기도에 대한 정의·기도와 믿음·업장소멸의 방법·꾸준한 기도의 효험·원을 세우는 법·축원법·각종 기도가피와 기도성취의 시기·성취를 위한 하심법下心法 등 기도에 관한 궁금증들을 문답형식으로 자상하게 풀이하였습니다.

불교의 자녀사랑 기도법 / 김현준 160쪽 5,000원
자녀들을 정말 잘 사랑할 수 있는 방법을 부처님의 가르침에 의지하여 쓴 책입니다. 자녀 교육 방법, 자녀를 위한 기도법과 함께 부모님께 효도해야 하는 까닭도 수록하였습니다.

관음신앙·관음기도법 / 김현준 240쪽 7,000원
관음신앙의 뿌리, 관세음보살의 구원능력, 주요 경전 속의 관음관, 자비관음의 여러 모습, 일념염불·독경사경·다라니 염송을 통한 관음기도법 등을 자세하게 풀이하였습니다.

자비도량참법 / 김현준 역 4*6배판 528쪽 18,000원
나의 허물과 죄업의 참회에서 시작하여 부모·스승·친척 등 육도 속을 윤회하는 온 법계 중생의 업장과 무명까지를 모두 소멸시켜 주는 것이 자비도량참법입니다. (양장본)

신묘장구대다라니 기도법 / 우룡스님·김현준 6,000원
신묘장구대다라니를 외우면 생겨나는 가피와 공덕, 기도의 방법과 주의할 점, 우룡스님이 들려주는 14편의 영험담, 대다라니의 근본경전인『무애대비심다라니경』을 수록하고 있는 이 책을 읽고 자신있게 기도하면 심중 소원의 성취와 기적같은 체험도 할 수 있습니다.

기 도 祈禱 / 일타스님 240쪽 7,000원
총 6장 52편의 다양한 기도성취 영험담으로 엮어진 이 책을 읽다 보면 기도를 통해 틀림없이 부처님의 가피를 입을 수 있음을 확신할 수 있게 되고, 올바른 기도법과 함께 기도성취의 지름길을 알 수 있게 됩니다.

기도 이야기 / 우룡스님 204쪽 6,000원
총 6장 45편의 다양한 이야기가 수록된 이 책을 읽고 기도하면 감응의 길이 열리면서 심중소원을 성취하게 됩니다. 또 이야기 끝에 붙인 스님의 해설을 통하여 올바른 기도법을 알 수 있게 됩니다.

기도 성취의 지름길 / 우룡스님 160쪽 4,000원
가족을 위한 기도와 기도 성취의 원리에 초점을 맞춘 감동적인 기도법문입니다. 제1부「가족 행복을 위한 기도」에서는 가족을 향한 참회와 절의 필요성, 3배 기도의 큰 영험에 대해 일러주고 있으며, 제2부「빠른 기도 성취의 길」에서는 믿음과 정성이 뒤따라야 기도 성취를 잘할 수 있고, 기도의 고비를 잘 넘겨야 능히 행복과 대해탈의 문이 열린다는 것을 많은 이야기를 곁들여 설하고 있습니다.

미타신앙·미타기도법 / 김현준 160쪽 5,000원
아미타불과 극락의 참 모습, 칭명염불·오회염불·관상염불·천도염불 등의 각종 염불수행법과 함께 임종하는 이를 위한 의식과 49재 기간의 행법 등을 자세히 밝히고 있습니다.

지장신앙·지장기도법 / 김현준 192쪽 6,000원
대원본존 지장보살의 중생을 구제, 영가천도기도법, 자녀를 위한 기도, 평온한 삶을 위한 기도, 소원 성취와 고난 극복을 위한 기도 등을 자세히 설명하고 있습니다.

참회·참회기도법 / 김현준 160쪽 5,000원
참회의 참된 의미, 절·염불을 통한 참회법, 참회인의 마음가짐, 이참법 등을 영험담들과 함께 감동깊게 엮은 책으로, 참회를 통해 행복하고 자유로운 삶을 사는 방법을 열어주고 있습니다.

법보시를 원하시는 분은 출판사로 연락 주십시오. 할인혜택을 드립니다.

전화 02-587-6612, 582-6612 팩스 02-586-9078

편역자 김현준 金鉉埈

동국대학교 대학원에서 불교학을 전공하고, 한국학중앙연구원에서 한국불교를 연구하였으며, 우리문화연구원 원장과 성보문화재연구원 원장을 역임하였다. 현재 불교신행연구원 원장, 월간 「법공양」 발행인 겸 편집인, 효림출판사와 새벽숲출판사의 주필 및 고문으로 활동하고 있다.

저서로는 『사찰, 그 속에 깃든 의미』・『생활 속의 반야심경』・『생활 속의 천수경』・『생활 속의 보왕삼매론』・『예불문, 그 속에 깃든 의미』・『육바라밀』・『사성제와 팔정도』・『삼법인・중도』・『인연법』・『사섭법』・『광명진언 기도법』・『신묘장구대다라니 기도법』・『참회・참회기도법』・『불교의 자녀사랑 기도법』・『기도성취 백팔문답』・『참회와 사랑의 기도법』・『미타신앙・미타기도법』・『관음신앙・관음기도법』・『지장신앙・지장기도법』・『석가 우리들의 부처님』・『참 생명을 찾는 경봉스님 가르침』・『선수행의 길잡이』・『아! 일타큰스님』・『바보가 되거라』 등이 있다.

『자비도량참법』・『약사경』・『지장경』・『육조단경』・『보현행원품』・『부모은중경』을 한글로 번역하였으며, 〈원효의 참회사상〉 등 다수의 논문이 있다.

법화경 제2책

초 판 1쇄 펴낸날 2015년 6월 17일 (초판 3쇄 발행)
개정판 1쇄 펴낸날 2018년 7월 12일
       3쇄 펴낸날 2021년 4월 1일

역 자 김현준
펴낸이 김연지
펴낸곳 효림출판사

등 록 1992년 1월 13일 (제2-1305호)
주 소 서울특별시 서초구 반포대로14길 30, 907호 (서초동, 센츄리I)
전 화 02-582-6612, 587-6612
팩 스 02-586-9078
이메일 hyorim@nate.com

값 6,500원

ⓒ 효림출판사 2018

ISBN 979-11-87508-21-2 04220
       979-11-87508-19-9 04220 (세트)

표지 사진 : 성보문화재연구원 제공
※ 잘못 만들어진 책은 바꿔 드립니다.
이 책은 저작권법에 따라 보호를 받는 저작물이므로 무단전재와 무단복제를 금지합니다.